ちくま新書

台湾とは何か

野嶋 剛
Nojima Tsuyoshi

1185

台湾とは何か【目次】

台湾問題主要人物相関図

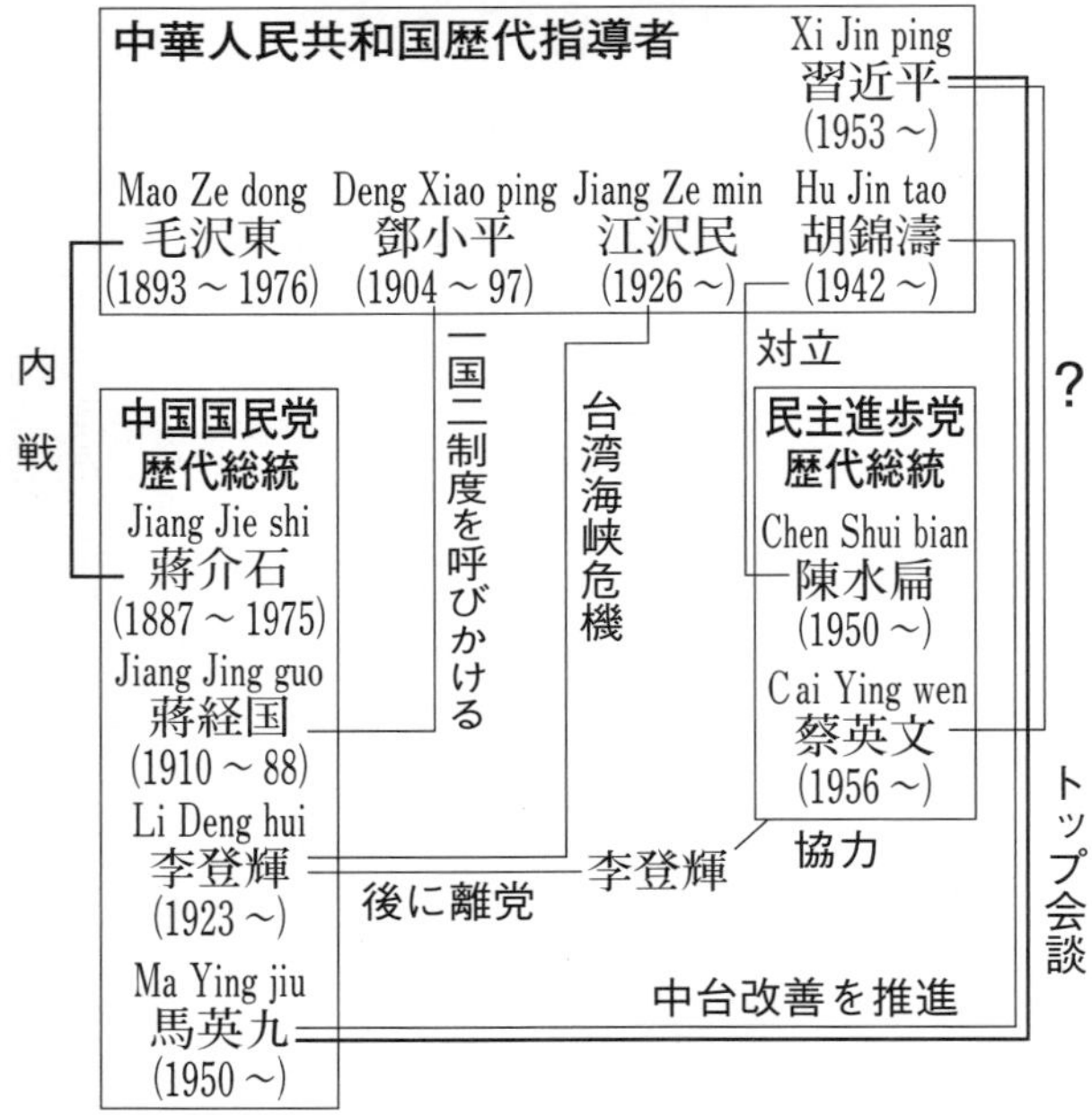

中国も、台湾も、指導者の個性と思想が、その政治のあり方を決める傾向の強い政治体制という特徴がある。それぞれの時代状況に、指導者同士の相性の善し悪しも重なって、中台関係の展開が左右される「両岸分断」の66年間を、相関図で振り返った。

序章　転換期の台湾

†生き生きとした台湾政治

台湾について、過去に自分が書いたものを読み返すのは、ときとして勇気が要る。気が重くなるときもある。二〇一六年一月一六日、蔡英文が民主進歩党の総統候補として圧倒的強さで当選を果たした晩も、そんな思いにとらわれていた。

台北の夜は、冬にもかかわらず、熱気に包まれていた。民進党の政権復帰は確実視されていたが、総統選で蔡英文が中国国民党の総統候補、朱立倫に三〇〇万票の差をつけ、立法委員選でも楽々単独過半数を超えるなど、いささか想像を超えた圧勝を収めた。思い起こすのは、国民党が民進党を倒して政権に返り咲いた八年前の夜だ。あの夜の台北も熱かった。国民党の新たな「一党時代」が到来するとさえ感じた。それぐらい、スキャンダルと失政の批判を浴びた民進党は激しく傷つき、何一ついいところはなかった。かたや、国民党の総統候補であった馬英九は光り輝いていた。まるで、この日の蔡英文のように。

二〇一六年の台湾の選挙は、二〇〇八年と同じ脚本で、主役だけ入れ替えたドラマのようなものだった。国民党は最後まで内紛に明け暮れ、選挙運動に一体感が生まれず、負けるべくして負けた。民進党は中間選挙民と呼ばれる、「安定と自立」の両方のほどよいブレンドを求める人々をうまく引き込み、「台湾意識」の強い従来の支持層もしっかり固め、二度目の政権を勝ち取った。しかし、八年前は、国民党が団結し、民進党はバラバラだった。勝つとき、負けるときは、得てしてこんなものかもしれない。

八年ごとに、かくも生き生きとした台湾政治の「逆転劇」を目撃できるのは専門家冥利につきるが、同時に、八年前に書いたものを思い起こすと、いささか、恥ずかしくもなる。「民進党は、二〇年は立ち直れないだろう」。そんな話を、選挙のあと、台湾の人々と延々と語り合った。そんな文章も書いた。今回、民進党は総統選挙で勝つばかりか、陳水扁政権の八年間で一度も実現したことがなかった立法院の過半数を握って、長く夢みていた「完全執政」をあっさり叶えてしまった。

台湾政治の変化はかくも激しい。オセロの盤面のように、一手二手で優劣ががらりと変わってしまう。台湾は、私たちの期待を裏切り、振り回す。その流動の大きさがもたらす爽快感が台湾政治の魅力でもある。だから、国民党にもう二度と希望がないなどとは、とても言えない。しかし、国民党は何らかの抜本的な党改革を断行すること抜きには、立ち直ることは難しいだろう。例えば「中国国民党」の党名から「中国」を取る、ぐらいの。

そんな変転の激しい台湾について書かれたジャーナリズムの本の寿命は、必ずしも長いものにはならない。過去、私は台北故宮や蔣介石、台湾の自転車産業、台湾映画など、明確なテーマ設定がある本は書いてきたが、台湾の政治を書くことを意識的に控えてきた。

米誌「TIME」の表紙を飾った蔡英文

それは、心のどこかで「賞味期限」に対する畏れがあったからだ。書いた本は、ぜいたくな期待かもしれないが、五年、一〇年は読まれて欲しい。

加えて、台湾というテーマの難しさもある。「台湾」と「中華民国」をひとくくりにできないことに現れているように、見る人、語る人の立場や物差しによって、台湾に対する考え方は大きく異なり、何を書いてもどこかから矢が飛んできそうなところがある。台湾を総論的に描くことは私の手に余る、という思いもあった。

しかし、私なりにこの一〇年の台湾の変化を観察してきたなかで、不十分だとしても一つの「報告書」を残したいと思うに至った。その理由は、二〇一六年の台湾が、多くの意味で重要な節目に差し掛かっていると考えたからである。

†区切りの時期を迎えた台湾

台湾の民主化の起点は一九八六年だった。蔣経国が戒厳令の解除や政治活動、報道の解禁を決意し、「時代は変わり、環境は変わり、潮の流れも変わった」と語った年だ。民進党結党の年でもある。それからは、まるでダムの水が堰を切ってあふれるように、台湾の民主社会はどんどんと開かれていった。以来、今年で三〇年になる。

一九九六年には、台湾で初めての直接投票による総統選挙が実施された。それから計六度の総統選挙が行われ、二〇年が経過した。

中台関係の接近が始まったのは二〇〇五年当時野党だった国民党の主席・連戦の訪中がきっかけで、国共という枠組みでの中台接近が起きてから一〇年あまりが過ぎた。

民主化から三〇年、総統直接選挙から二〇年、中台接近から一〇年というわけで、これだけでみても、台湾は三つの区切りの時期を迎えている。

台湾はこうしたプロセスを経て、もはや世界で最も自由に発言し、行動できる場所の一つになった。台湾の民主化はどんどん成熟している。二〇一六年、総統選では三度目の政権交代が起きた。二〇〇〇年には国民党から民進党、二〇〇八年には再び国民党へ、そして、また民進党へと、見事に八年おきに政権交代が起きている。民主化の優等生だと言っていい。二大政党制を知りたい人たちは、まず台湾に勉強に行くべきである。

台湾と中国との関係も、いま踊り場に差し掛かっている。中国の台頭によって台湾は、中国との経済的関係を強化する必要に迫られた。軍事的にも中台間のバランスは崩れて中国優位が確立した。中国に半ば飲み込まれそうになりながら、どうにかして台湾の主体性を保っていくしかない。そのニーズに合致したと思えたのが、対中融和を掲げた馬英九政権の対中政策だった。

その後に進んだ中台の接近のなかで、一時は台湾の「フィンランド化」が取りざたされたこともあった。フィンランド化とは、強大な隣国を抱える国が、戦略的な妥協として友好・中立政策を取ることである。議会制や自由経済でありながら、ソ連（当時）に挑戦するような同盟には参加しないとソ連に約束したフィンランドをモデルとした外交政策を指す。その見返りとしては、「隣の大国」から、国際社会への参加や軍事的脅威の軽減などの恩恵が与えられる。馬英九政権が掲げた「和中、友日、親米（中国と和し、日本を友にし、米国に親しむ）」という八方美人的な外交方針は、一部からフィンランド化と目された。

ところが、今回の選挙で台湾の有権者は再び、民進党に政権を預けた。確かに中国は、台湾の経済成長や国際社会の参画などを左右する鍵を握っている。しかし、どうやら台湾の社会は、経済以上のものを中国に譲ることは受け入れがたいと考えていることが、今回の選挙結果からはっきりした。

台湾では「香港化」という概念も論じられてきた。中国の目標は、主権を獲得できないフィンランド化ではなく、主権は手元に置きながら、一定程度、台湾の独自性を尊重する香港化にある、という見方である。しかし、一国二制度とはいえ、実際は中国に政治の要路を抑えられた香港の姿に、台湾の人々は強い不安を感じている。香港の雨傘運動が当局に鎮圧されようとしたとき、台湾で「今日の香港、明日の台湾」という言葉が流行した。フィンランド化も香港化もないとすれば、結局、台湾の人々が望んでいる「台湾化」以外に、未来の選択肢はなくなる。だが、経済を大きく依存する中国と縁を切ることなど当分は難しい。中国の統一ベクトルに対し、台湾が自立ベクトルで張り合い、「現状維持」の守護神としての米国が中国にも台湾にも重石の役割を果たす米中台トライアングルは当面、強度を持ち続けるだろう。

一方で、いままで台湾の対外関係の基本スタンスは「政治は米国、経済は中国」だったが、これからは中国との政治的対話も取り込んだ新しい中台関係のモデルが求められてくるだろう。しかも、民進党は台湾の主体性強化を求めて彼らに一票を投じた八〇〇万人の有権者を満足させなくてはならない。新総統になる蔡英文は、あまりに難しい課題を突きつけられたなかでの船出になる。

✝台湾自体がアジアの縮図

台湾は、単体としては、決して大きくはない。一六世紀にポルトガル人の「イラ・フォルモサ（麗しき島）」という、よく知られる感嘆の叫びとともに世界史に登場した。そこはかとなくサツマイモのような形をして、三〇〇〇メートル級の山々を擁して「高山国」とも呼ばれた島の面積は三万六〇〇〇平方キロと、九州ほどの大きさに過ぎない。人口規模は日本の近畿地方とほぼ同じ二三〇〇万人程度。八〇年代から九〇年代にかけてはアジアの四匹の龍に数えられた高度経済成長を遂げたとはいえ、GDP（国民総生産）からみた経済規模では、ベルギーとほぼ同等ぐらいである。

しかし、こうした数字からは計りきれない面白さが、台湾には詰まっている。

台湾は五〇〇〇年前まで今日「原住民」と呼ばれる南島語族の先住民族の居住地だったが、

一六世紀以降、福建系、客家系の南方系漢民族、中国各地からの寄せ集めである外省人など、次々と新たな族群が断続的に渡来することで折り重なり、台湾政治研究の先駆者である若林正丈が指摘するように「海洋アジア」と「大陸アジア」が混在する多様性に富んだ民族構成となっている。加えて、日本統治五〇年の結果、日本文化に造詣の深い日本語話者も多数生存しており、台湾自体がアジア世界の縮図という一面を持っている。

また、台湾に最も大きな利害関係を持っている中国、米国、日本は言うまでもなく、世界で最もGDPの大きい三か国である。その日米中の利害が、しばしば、台湾をめぐって衝突する。米中関係や日中関係において、台湾はいまも常に最も敏感なイシューとして取り扱われている。筆者がかつて外務省の担当記者として中国問題を取材していたとき、中国外交を担当するチャイナスクールのある幹部が「日中関係は歴史と台湾。それさえ気をつけておけばいい」と語っていたことは記憶に強く残っている。

台湾の重要性は、内部に抱える歴史とも深く結びついている。台湾は日清戦争の敗北で中国から日本に割譲され、その屈辱を引き金に辛亥革命が起きて清朝が倒れた。日本の統治を半世紀経験した台湾を、日中戦争を含む第二次世界大戦での日本の敗戦によって中国は取り戻したが、今度は、国共内戦で敗れた国民党の反攻拠点となり、共産党にとっては「未完成の国家統一」の最後の一ピースとなっている。その統一を実質的に阻んだのは、冷戦による米国の介入だった。

つまり、日清戦争、中国革命、日中戦争、国共内戦、東西冷戦という、東アジア世界を大きく変えた近現代史の大事件に、ことごとく台湾は深く絡んでいるのだ。そして、国共内戦や東西冷戦の構図は、いまなお台湾を縛り続けている。

台湾自身もまた、大きな変化にさらされている。それは台湾アイデンティティの極大化だ。台湾は台湾であり、中国ではない。そのように考える人々が、すでに人口の六割を超えた。その結果、台湾にとって自らの国家を求めるナショナリズムは当然、高まってくる。しかし中国の強力な「一つの中国」の縛りと、中国経済による利益を考えれば、独自国家の宣言に向かうことは現実的な道だとは考えられていない。一方で、ここまで異なるアイデンティティを持った台湾と中国が、いつまでも本当に「一つの中国」という枠組みでやっていけるのか。そんな問いを、今回の総統選は、私たちに突きつけることになった。

二〇一四年春、学生と市民が立法院を占拠して世界を刮目させた「太陽花運動（ひまわり運動）」の主体となったのは、強固な台湾アイデンティティを持ち、中国が祖国であるとは夢にも思わないような「天然独」（生まれながらの台湾独立派）と呼ばれる若者たちだった。彼らの動向がこれからの台湾政治の焦点になることは間違いない。

そして何より、私たち日本人にとって、今日、台湾という存在に対する「認識の転換期」にさしかかっていることを指摘しておきたい。「認識の転換期」などという言葉はいささか分かりにくいかもしれない。平たくいえば、台湾とどう付き合うか、あるいは、台湾をどう理解するか、改めて原点から考え直すべき時期であるということだ。

これは台湾に関わる日本人一人ひとりが、近頃、とみに感じていることではないだろうか。いままでは「中国の一部」としてしか見てこなかった台湾が、どうやら、それだけでは理解できない大切な存在なのではないか。日本と台湾は特別な関係にあるのだろうか。日本人は台湾の親日性をどう理解すればいいのか。なぜ東日本大震災で台湾の人々はあれほど巨額の義援金を送ってくれたのか。そんな多くのクエスチョンが、いま日本人の頭のなかに渦巻いているように私には思えて仕方がない。

こうした問題意識をもとに、台湾と日本、台湾と中国、そして台湾そのものに対し、どのように考え、向き合うべきなのかを、台湾というテーマを長年書き続けきた人間の一人として、自分を含めた読者に問いかけてみたい。それが、本書の最大の執筆動機であり、目標でもある。

なお、表記について記しておきたい。台湾近現代史の記述ではどの作者も恐らく感じるところなのだろうが、政治体制の表記にはたいへん悩ませられる。中華民国は、一九一一年の誕生後、内部の対立や分裂、日中戦争によって、「北洋政府」「北京政府」「南京国民政府」「重慶国民政府」など、数々の呼び方が出現しては消えてきた。一九四九年、共産党に敗れたことによって中華民国体制は台湾に移り、大陸では中華人民共和国が誕生している。そのなかで「一つの中国」問題や、日本による国家承認問題も絡み、表記自体が政治的立場を示すほどに政治化された問題になることもあり、慎重な取り扱いが必要であることは言うまでもない。

最初に断っておくと、この表記問題において私の政治的主張を込める、ということは本書では一切考えていない。しかし、そのなかで、台湾の政治体制をどう表記するのが好ましいのかについては一定の検討は行ってみた。

本書では、戦前の中華民国体制の「訓政時期」にあたる一九二五年から一九四九年までの「国民政府」については、南京や重慶など地域別の国民政府名称は複雑になるのであえて区別せず、すべて「国民政府」と表記している。また、親日政権である汪兆銘の「南京国民政府」が本書では登場していないので、混同はしていないことを断っておきたい。

国民政府の台湾移転後については、日本のメディアでは従来、七二年の日華断交と日中国交正常化までは「国府」とし、七二年以降は「台湾当局」と書くことが多かった。日本の外交文書では今日でも「台湾当局」という表記を使用しているはずである。

しかし、本書では、戦後から民主化以前まで「国民党政権」と書いている。それは「国府」という名称が、今日の日本ではあまり一般の読者になじみがないからだ。

七二年以降についても「台湾当局」と書いている。その理由は次のようなものだ。

私は新聞社特派員時代から「台湾当局」と書くことをできるだけ回避してきた。それは日本語の「当局」という言葉の持つ響きが、二三〇〇万人の人口を持ち、民主制度を整えた台湾の人々の意識や実体からあまりに乖離した印象を与え、礼儀を欠いた表記であると感じたからである。

一方で「台湾政府」という表記は、本来は「台湾の統治機構」という意味であれば価値中立的な表現であり、実際、欧米のメディアでは「TAIWAN GOVERNMENT」と普通に書くことも珍しくない。しかし、「一つの中国」を支持する側からいらぬ反発や誤解を受ける恐れがあることも否定できない現実がある。そのため、本書では「台湾の統治機構」という意味を強調した形になる「台湾の政府」と表記し、具体的な政権を特定するほうが好ましい場合は、「李登輝政権」「馬英九政権」「国民党政権」「陳水扁政権」「蔡英文政権」「民進党政権」などの表記も用いている。

第一章 「台湾人の総統」になれなかった馬英九

†馬英九はなぜ敗れたか

台湾は米中関係で揺れ動く。中台関係のベテランウォッチャーである元共同通信の岡田充が語っているように、「米中台の三角形」が安定すれば、台湾情勢も落ち着くのである。この点でみれば、馬英九は確かに上手くやった。

二〇〇八年から二〇一六年までの国民党・馬英九政権の八年は、私にとって、一つの謎について考える時間であった。中台関係を改善させ、米国も安心させ、日本とも悪くない関係を築いた。念願の自由貿易協定（ＦＴＡ）もシンガポールやニュージーランドと結んだ。そうした馬英九の評価が台湾でなぜこれほど低いのか、という謎である。

なにしろ、ここ三年ぐらい、台湾の人に「馬英九の支持率はどうしてこれほど低いのか」と尋ねても、「そんな当たり前のこと、いまさら聞くなよ」といわんばかりにみんな苦笑いを浮かべるだけで、まともに答えてくれなくなった。二〇〇八年に民進党が敗れたとき、人々は「中国も米国も陳水扁を見放した」という理由で馬英九に一票を投じたではないか。いま中国も米国も馬英九を見放してはいない。だったら、馬英九はもっと評価されてもいいはずだ。しかし、そうはならなかった。馬英九には台湾のリーダーに求められる「何か」が決定的に欠けていたのだ。

二〇一六年の総統選挙で馬英九は正確な意味では敗れていない。敗れたのは総統候補だった朱立倫だ。しかし、私は馬英九が敗れたと考えたい。そうした問題設定のほうが、国民党が大敗した本当の理由にたどり着くことができるように思えるからだ。

†選挙無敗の男、馬英九

こと選挙において、馬英九は生涯、無敗を貫いた。台北市長選で勝利し、総統選を二回、危なげなく勝ち抜いた。党内選挙でも負けたことはない。選挙については、圧倒的に強い人なのである。

同じく国民党の主席を務めた連戦は、二度も総統選で敗れている。親民党の宋楚瑜は今回で三度目の総統選敗北。民進党の陳水扁も台北市長の二期目に挑んだ一九九八年に馬英九に敗れ去った。陳水扁はそのおかげで総統になれたと言えるので、政治家の運命とはまさに「禍福は糾《あざな》える縄のごとし」だ。今度総統になる蔡英文も、二〇一二年の総統選で馬英九に敗れて、その前の新北市長選でも朱立倫に負けている。

李登輝は一九九六年の総統選は勝ったが、ほとんど出れば勝つと分かっていた選挙であるし、選挙に強いか弱いかは判断できない。こうしてみると、馬英九ほど、選挙に強い政治家は民主化後の台湾では絶無である。

†輝いていた政治の明星

私と馬英九の出会いは二〇〇七年五月。台湾本島最北端の富貴角という灯台へ、馬英九が自転車に乗って、南部から北部に駆け上がってくる、というイベントの最終日だった。「鉄馬南北行」という名前がつけられていた。「鉄馬」は台湾で自転車を意味している。

馬英九の到着で、台湾の記者たちにもみくちゃにされながら、コメントを取った。何を言われたかは覚えていない。ただ、馬英九がやけにかっこよく見えたことは、いまも強烈に記憶に残っている。当時撮った写真がパソコンの資料フォルダにあるのだが、その表情ははち切れんばかりに輝いていた。

この「鉄馬南北行」については、そのプランを立てた馬英九の元側近に、詳しく話を聞いたことがある。著名な作家でもあり、選挙キャンペーンのときは馬英九のスピーチライターを務めた楊渡という人物である。

この「鉄馬南北行」を始める直前の馬英九は、政治家人生で最低の時期を迎えていた。台北市長時代の機密費をめぐり、台北地検に起訴されたのである。少し無理筋の事件であり、起訴されたものの、公判でも無罪になった。しかし、若い頃から優等生で法律を修めた馬英九にとって、自分が起訴され、被疑者となるだけでも、心理的には受け入れがたかった。その時期、馬英九には何を言っても元気が出ず、周囲を困らせたという。

そこで、楊渡らが思いついたのが、スポーツが得意である馬英九に、自転車に乗って台湾を縦断させるプランだった。最初、馬英九は「途中で暴漢に遭って妨害されたらどうする」と嫌がった。しかし、説得されて実行することになった。ここで、馬英九は劇的な変化を遂げた、という。もともとスポーツ好きでもあり、体を動かすことで、メンタルが目に見えて向上した。北部のエリートで南部の民衆とは縁遠かった馬英九が、自転車で人々と身近に接することで、弱点であった「親しみやすさ」も身につけていった。

「最初は民衆とどうやって話したらいいか分からなかったようでしたが、『ちゃんと話しかけてください』と何度もお願いし、だんだんとやっているうちに、楽しくなってきたようで、最後はまったく見違えるようになりました」(楊渡)

この自転車による台湾体験は、のちの馬英九による「ロングステイ」と呼ばれる選挙キャンペーンになって実を結んだ。南部の民衆の家に泊まって交流するというシンプルな運動だが、北部の外省人エリートの象徴である馬英九がそんな行動を取るだけで、民衆は驚きをもって好意的に受け止めた。

人気絶頂だった馬英九(著者撮影)

楊渡は、当時の馬英九をこう振り返る。

「馬英九という人は基本的に『好学生(優等生)』なんです。こちらが新しい課題を出して、その課題をこなしていくことには非常に熱心に取り組む。その彼の性格がぴったりはまったのが二〇〇八年の選挙だった。南部の民衆に近づいて下さい。自転車にのってください。民家を泊まり歩いてください。そうしたどんなリクエストにも、総統に当選するためなら何でも応じてくれました」

二〇〇八年の総統選で、馬英九は見事な圧勝を遂げる。

地盤の北部だけではなく、南部でもかなりの得票を稼ぎ出した。馬英九時代の到来である。この時期の馬英九は、後光が差していると言われた時期だ。

　馬英九が当選した翌日、私は、外国メディアでは初めて、インタビューするチャンスを得た。ただ台湾の場合、中国やロシアと違って政治家にまったく神秘性がないので、会見しても内容にニュースがなければ大きな記事にはならない。ただ、ニュース性は別にして、記者として食いつきたい一言があった。それは、私の「どんな総統を目指しますか」というありきたりの質問への回答だった。馬英九は「全民総統になる」と語ったのである。

　この全民総統という言葉は、日本語に訳しようがない。「すべての民に君臨するリーダー」というようなニュアンスで、超越した指導者という感じだろうか。私はその言葉に、国民党や民進党、外省人や本省人という区別を超えて、すべての台湾人から尊敬され、愛される指導者になるという決意を感じた。

　しかし、いま思えば、馬英九のつまずきは、そこから始まっていたと言えるだろう。なぜなら、台湾において、いや、世界のいかなる国でも、選挙制度がある以上、そして、自由な政治が行われている以上、すべての民に君臨する指導者という存在になることは、夢見ることはあっても、あり得ないからだ。

「全民総統」を目指して失敗した人物がもう一人いる。それは、馬英九の前任者である陳水扁だった。二〇〇〇年に総統に当選した陳水扁は、少数与党の限界もあって、国民党関係者を味方に取り込んだ「全民政府」を作ろうとしたが、結果的には、元気のなかった国民党をかえって勢いづかせたに過ぎなかった。また、陳水扁は就任当初は「私は、党派や族群（エスニックグループ）を乗り越えて、全民総統になりたい」と語っていた。しかし、政権基盤の弱さから守勢に回ると、結局は、党派や族群の対立感情を刺激する方向に次第に追いやられていった。恐らく二〇〇八年当選当時の馬英九の思考は「陳水扁は失敗したが、私は失敗するはずはない」というものだったのだろう。

しかし、現実には馬英九の「全民総統」も長続きはしなかった。

†支持率の急激な低下

馬英九が「全民総統」でいられた時期はほんの一年あまりだった。二〇〇九年の八月八日、のちに「八・八水災」と呼ばれる水害が起きる。台風によって大量の雨が降り、全土で土砂崩れが頻発し、高雄の小林村が全滅するなど、大勢の死者を出した。

このとき、馬英九は厳しい批判にさらされる。焦点はリーダーシップの欠如だった。災害の規模がどんどん拡大していくなかで、馬英九政権の対応はいかにも鈍く見えた。台湾において、総統は外交、国防、安全保障、中台関係などを受け持つが、その他の問題は首相にあたる行政院長の下にある内閣に任されている。台風や水害の対応に総統が関われとは、台湾の法律には書かれていない。

しかし、台湾は過ぎるほどにメディア化された社会であり、総統の権限が制度上どうあれ、パフォーマンスとして国家の危機には最前線に出ていかなければならない。そんな台湾政治のイロハを忘れた馬英九は、貴重な支持率という資産をこの八・八水害によってあっという間に失ってしまった。

「無能総統」「無能政府」という怨嗟の声が社会に満ちあふれ、七割あった支持率は一気に三〇~四〇%に激減。以後、減ることはあっても、増えることはなかった。いま思えば、大変惜しいことをしたものである。

この八・八水害のとき記者会見が開かれ、私は挙手をして、馬英九に聞いた。

「いま、世の中では無能総統とあなたを呼ぶ声が出ています。どうお感じになりますか」

聞きにくいことだが、あえて質問した。馬英九はもちろん不快だったに違いない。苦い顔をした馬英九は、なんとなくはぐらかすようなことを述べて、その場は終わった。

無能総統は、もちろん言い過ぎではあった。ただ、民衆の罵声だとしても、「全民総統」から「無能総統」への転落は、あまりにも劇的だった。以後、馬英九からは、あの「後光」は次第に消えていったように思える。

二〇一二年の総統選は馬英九がかろうじて勝ち抜いた。当時は馬英九の輝きがまだ半分ぐらいは残っており、民進党は総統候補となった蔡英文と党内ライバルの蘇貞昌の対立が収束していないなど、内部のまとまりを欠いていた。一時、選挙情勢は国民党にかなり危なかったといわれているが、馬英九政権の継続を望む米国、中国の援護射撃もあり、二期目を迎えることに成功する。

†転落の始まり――馬王の争い

二期目の二〇一二年や二〇一三年前半までは、支持率は低いながらも、馬英九に対しては台湾社会で賛否両方の見方が混在していた。馬英九が本当の意味で下り坂に入ったのは、二〇一三年の秋だった。馬英九は台湾の立法院長である王金平に対して、追い落としのための「政争」を仕掛ける。台湾では「九月馬王之争」と呼ばれるもので、その理由は王金平の「口きき」だった。日本でも、二〇一六年一月に甘利明・経済財政政策担当大臣の辞任で話題になった「口きき」のことを、中国語では「関説」と呼ぶ。

王金平は、馬英九にとって、ずっと「目の上のたんこぶ」だった。二〇〇五年に党主席選挙で争い、このときは馬英九が勝利したが、二人の間には「馬王心結」（馬と王のわだかまり）が生まれたとされる。外省人出身のスター政治家であり、党組織で着々と出世した馬英九と、南部本省人の叩き上げで立法委員として台頭した王金平は、まったく対照的であり、国民党の二大潮流である外省人派と本省人派を象徴した二人でもある。両者の確執は、ある意味で、運命づけられたものだったかも知れない。

馬英九は総統になったときに、王金平を追放したいと本当は思っていただろうし、二〇一二年の立法委員選で党の公認候補にしない選択肢もあっただろう。だが、王金平派と呼ばれる立法委員は当時、党内立法委員の三分の一か四分の一ぐらいはいたと言われていた。党主席を兼務する馬英九が党全体の運営を考えたとき、王金平とうまくやった方が政治的に得策だと考えたとしても不思議ではない。

しかし、立法院が、事実上王金平に仕切られているなかで、馬英九が望んだ人事案や法案がうまく成立しないケースも目立った。王金平からすれば野党の意見も取り入れて丁寧に審議していると言うのだろうが、馬英九には王金平が「獅子身中の虫」のように思えて仕方がない。馬英九は内心長く、王金平を追放する機会を待ち望んでいたと想像できる。

二〇一三年九月のある夜、馬英九の官邸に、黄世銘・検察総長が突如の訪問を行った。黄世銘が馬英九に伝えたのが、王金平の「口きき」問題だった。民進党の立法委員のボス格で、王金平とも気脈を通じていると見られていた柯建銘が関わった事件で、柯建銘が自分を起訴しないように王金平に頼み込み、王金平が曾勇夫法務部長に電話を入れ、結局、柯建銘は不起訴となる。

このプロセスを、柯建銘を盗聴していた台湾の検察が詳細に把握したのだが、立件はできなかったので、「こういうことがありました」と検察総長が馬英九に報告したのだった。

†「トップの意向」ありきの政治文化

この問題は、常識では、分かりにくいところがある。なぜ、民進党の大物議員が検察の盗聴を受けていたのか。なぜ、検察総長が、上司の法務部長でも行政院長でもなく、総統のところに駆け込むのか。

盗聴については、台湾では今日でも、アジアのなかで群を抜いて当局によって盛んに行われているのは確かだ。原因は中国との対立にある。台湾に浸透した共産党スパイの摘発のため、法務部調査局、国家安全局、国防部軍事情報局など各インテリジェンス組織が強力な陣容を持ち、盗聴をその有力な捜査方法にしている。すでに共産党スパイへの懸念は低減したが、組織は能力があれば使いたくなるもので、民進党の議員などは自分たちの電話が盗聴されているという前提で生活しており、この「口きき」問題は図らずも台湾の盗聴大国ぶりを印象づける形にもなった。

加えて、台湾の政治文化は「トップの意向」が、「法や制度」よりも優先される傾向がある。中国に比べればもちろんはるかにマシだが、それでも、権力優先主義は台湾では根強い。長く続いた権威主義体制の後遺症である。そのなかで、自身も法学博士である馬英九は過去に法務部長も経験し、法務系統には強い人脈を持っていた。黄世銘が馬英九に近かったかどうか明確な証拠はないが、特別な信頼関係がなければ、検察総長が総統の家に駆け込むなど、できるはずがない。

黄世銘について、私には少々個人的な思い出がある。彼が法務部次長で、私が朝日新聞台北支局長だった二〇〇八年のことだ。陳水扁前総統が汚職の疑いで逮捕されたばかりで、私は、台北拘置所にいる陳水扁にインタビューをしようと考え、陳水扁事務所に取材を申し込んだ。前代未聞の「総統の犯罪」を本人に問いただしたかった。陳水扁には総統在任中も単独会見を行っているので、一人の人物が頂点から転げ落ちてしまった様を、この目で確かめたいという記者の好奇心もあった。台湾ではしばしば獄中インタビューが行われていることもあった。陳水扁はその時点で未決囚であり、検察の調べは続いているので実現の可能性は低かったが、当時の法務部長である王清峰が我々記者団との懇談で「どんどん陳水扁氏にも取材を申し込んでください。門は開かれています」と語ったばかりで、チャンスだと思って王清峰のこの発言の翌日に取材を申し込んだ。

それを受けて、陳水扁事務所では、取材を受け入れるように法務部に申請した。陳水扁サイドは不当逮捕を国際社会に訴えかける方針を示しており、私の取材を利用しようと思ったのか、取材申請の時点で陳水扁サイドからリークされ、大きなニュースになって、文局にまで台湾のメディアが取材に押し寄せる事態になった。

同時に、国民党寄りのメディアは連日、反対キャンペーンを始めた。日刊紙「中国時報」は社説で朝日新聞の取材を許可すべきでないと主張した。テレビ局の「中天電視」や「東森電視」は「朝日新聞の取材は認められるべきか」というテーマで、数時間を費やしてテレビの討論番組を行った。

そんな大騒ぎのなかで、法務部から「会いたい」という連絡が突然入った。法務部を訪ねると待っていたのがナンバー2の次長であった黄世銘だった。彼は私に「取材を取り下げてほしい」と切り出した。てっきり取材の可否を議論するためかと思っていた私は驚き、「取り下げて欲しいという理由はなんでしょうか」と聞き返した。黄世銘は「我々が拒否してしまうと、あなたのメンツもないでしょう?」と言い、私は「メンツなど関係ありません。受けるか受けないかを普通に判断して、回答してくれれば結構です」と突っぱねた。

そこで彼は「そうは言っても、あなたもこれから取材がいろいろやりにくくなるかもしれない」とつぶやいた。私も少々不快になって「報道への圧力と受け止めました。このやりとりを記事にしていいでしょうか」と言うと、「いやいや、あくまでもあなたの立場を思いやってのことで、今日の話は記事にはしなくていいですよ」と応え、なんとなく気まずい雰囲気になって、物別れという形で、法務部を後にした。

法務部担当の台湾人記者に探りを入れると、このときの黄世銘の狙いについて、「法務部長の発言は失言だった。そのことを自分がうまく波風を立てずに処理することで、点数を稼ごうとしたようだ」と解説してくれた。

それからしばらくして朝日新聞の取材申請は「拘置所にはインタビューを受ける環境が整っていない」などを理由に断られた。私の携帯は、雑音が盛んに入ったり、電話が突然切れたりするなど、不自然な通信障害がしばらく続いた。台湾の政府部門で働く友人は「それは間違いなく、盗聴されている」と笑っていたが、本当のところは分からない。

話が脱線したが、黄世銘が馬英九のところに駆け込んだとき、政治的な動きを取るタイプの彼らしい行動だなと私が直感的に思ったのは、こうした経緯もあってのことだった。そして、馬英九は、腹心である行政院長を動かして、曾勇夫法務部長の首を切る。自ら記者会見も開き、当時海外にいた王金平に「帰ってきてきちんと説明をしなさい」「台湾の司法制度上、最も暗い一日である」と激しい批判を行った。そのうえで王金平の国民党の党員資格停止を決め、王金平に立法委員の辞職を迫った。ここまでは、電撃的な王金平おろしであり、馬英九にとってはシナリオ通りに進んだと言える。

ところが、致命的な誤算が生じる。党員資格を停止されても、すぐには議員辞職には及ばないと、王金平の不服申し立てを審理した台湾の裁判所が判断してしまったのだ。党員資格の停止の是非は裁判所で争われることになり、「九月政争」は長期化することになった。結果的に裁判で王金平の党員資格も認められ、この政争は馬英九の事実上の敗北という形で終わりを告げた。王金平は終始一貫、冷静で寛容な態度を見せる「政争の被害者」に徹し、王金平を追放したくて「陰謀」を遂行している印象を与えた馬英九は、世論も味方に付けることができず、逆に王金平の威信が高まったと見る人すらいた。

†王金平の追放失敗が招いたひまわり運動の成功

この「九月政争」における馬英九の失敗は、翌二〇一四年三月に起きたひまわり運動の成功と、不可分に関係している。

ひまわり運動の内部要因については、本書の第五章で詳述するので、ここでは外部要因について論じたい。私が考えるひまわり運動「成功」の最大の外部要因の二つのうち一つは、王金平の追い落としの失敗だった。学生たちが占拠した場所は、王金平が影響力を持つ立法院。もし行政院だったらすぐにでも排除の行動が取れた。実際、行政院までも占拠しようとした学生たちは一晩で排除されている。しかし、立法院側から排除要請がでなければ警察も動けない。王金平は排除要請を出さず、議場を占拠した学生たちをしばらく放置する作戦に出たのである。

王金平にしてみれば、困るのは馬英九であり、自分ではない。思ったよりも早く巡ってきた「復讐」のチャンス到来だった。王金平は、学生との対話を掲げながら、時間を稼ぎ、学生との間で自分の権限で可能な妥協案を探った。結局、サービス貿易協定については、監督機関を設けて審議の公平性を保証することで落ち着き、学生たちも撤退を決め、王金平は事態収拾の手柄を独り占め。馬英九のメンツをつぶすことにも成功した。

†馬英九の焦り

もう一つの外部要因は、馬英九の焦りだと考えられる。二〇一四年は、馬英九にとって勝負の一年になるはずだった。この年の一一月には中国・北京でAPECが予定されており、馬英九は、初めて台湾総統としてAPEC会場の北京に乗り込み、習近平・国家主席と歴史的な会談を成し遂げ、自らのレジェンドを築こうとしていた可能性が大きい。北京APECへの出席を希望していたことはすでに公表されているが、馬英九の心理は私の推測である。しかし、そのように考えることで、すべてのつじつまが合うのである。

ひまわり運動の発端は、サービス貿易協定を、国民党がかなり乱暴に急いで進めようとしたことだった。実際、国民党の急ぎぶりは常識では考えられないほどで、その指示のもとは党主席でもある馬英九だった。サービス貿易協定を手早く成立させ、中国への「善意」のシグナルとしたかったのではないか。それ以外に、当時、あそこまで審議を急がせる理由は思い当たらない。

その代償は大きいものだった。馬英九そのものに対する不満、中国との接近が急過ぎることに対する不満、グローバリズムによる雇用機会の流出と低賃金の長期化に対する不満など、台湾社会で発酵していた種々の不満が、燎原の火のように一気に燃え広がり、明らかな違法行為に及んでいる学生たちへの同情・支持となって跳ね返った。圧巻は、占拠中に行われた五〇万人規模のデモだった。ちょうど台湾にいた私は、デモの活気に圧倒された。通常、反国民党のデモはどこかで見たことがあるような人たちばかりというケースも多いが、この日のデモほど大勢の一般民衆の参加者を目撃したことはなかった。

こうして見ると、外部要因の一つ目の「王金平との権力闘争の失敗」も、二つ目の「中台トップ会談への野望」も、どちらも馬英九自らが原因を作ったことになる。きつい言い方かもしれないが「自業自得」というものだ。この時点で、馬英九政権は、かなり早いタイミングでレームダックに陥った。二〇一三年の九月政争で、いったん自分で戦端を開きながら、打つ手を誤って最終的に王金平を追放できなかった失敗が響いたのである。

†統一地方選での歴史的大敗

九月政争、ひまわり運動、北京訪問の失敗という流れの総仕上げになったのが、二〇一四年一一月の統一地方選の敗北だった。台湾のメディアに躍った「変天」の文字。世の中がひっくり変えるという意味だが、統一地方選での国民党の地滑り的な負け方を言い表すのにこれほどふさわしい言葉はなかった。

記者会見をした馬英九は苦渋に満ちた表情で「人民の声は、聞き届けた」と答えるのが精一杯だった。過去に一度も選挙で敗れたことのない馬英九にとっても、この敗北は、自らの敗北以上にこたえたはずだ。過去の馬英九路線の否定であり、自らの否定に等しいからだ。同時に二〇一六年の総統選に向けて、主導権を完全に失うことを意味していた。馬英九は、党主席の座を新北市長の朱立倫に明け渡す。忠実な腹心で「馬英九政権のCEO」と呼ばれた江宜樺・行政院長も辞任し、事実上、馬英九時代が終焉した。

それほどの大きな敗北だった。二二市・県の首長ポストのうち、民進党の獲得数は選挙前の六から一三に大躍進。うち、全人口の七割を占める台北、新北、桃園、台中、台南、高雄の六大直轄市でみても、国民党は四市のポストを有していたが、辛勝だった新北市以外の五市で敗北を喫した。特に、国民党の地盤である事実上の首都・台北を失ったのは一九九四年に党内分裂で民進党の陳水扁に敗れて以来のこととなった。

しかも、台北市で敗れた相手が、最初は泡沫候補扱いだった外科医で「政治素人」の柯文哲という無所属候補。当初は楽々当選すると見られた国民党長老、連戦元副総統の息子、連勝文は二五万票という大差をつけられた。

この国民党大敗の原因について、「筆頭戦犯は馬英九」という声が党内でもあちこちから上がった。それは、やはり、九月政争やひまわり運動など一連の経緯を知っている人々が導き出した結論だったと言えるだろう。

それから一年。二〇一五年一一月にあった中台トップ会談まで、馬英九はほとんど鳴りを潜めていた。この中台トップ会談自体は、台湾にとって決して悪いことではない。世論も会談自体は否定していなかった。政権末期の馬英九が中台トップ会談を行ったことに批判もあったが、もっと大きな問題は、馬英九という総統が、最後になって中国に向かって握手を求めることで、任期八年の最後を飾ろうとしたことである。

✝生き残れない「中国にすり寄る政治家」

台湾では、一部の政治家が、中国から歓待を受け、親中政治家になっていく。その代表格は連戦だろう。台湾と中国とのパイプにしてもらえるので、台湾企業からも重宝がられる。本人があからさまにやらなくても、家族や親族には、対中ビジネスで大もうけする人も出てくる。そうやって「紅い貴族」が台湾に生まれるわけだ。連戦の小型版は、いくらでも挙げられる。そして、その中国との親密さは、個人の利得を生むことはあっても、台湾政治においては票を減らしこそすれ、増やすことはない。

台湾の選挙という市場では、「中国と付き合える政治家」が買われることはあっても、「中国にすり寄る政治家」が買われることはないのである。「付き合う」と「すり寄る」の違いは、なかなか定義が難しいが、台湾の人々は、直感的に見分けることができるという。馬英九は、最初は「中国と付き合える政治家」として登場したが、最後になって「中国にすり寄る政治家」ではないかと、台湾社会で疑われてしまったのではないだろうか。

馬英九のことを語るのなら、記しておきたい話がある。馬英九の台湾語についてだ。

私は、台湾にいる間、個人レッスンを受けて台湾語を学んでいた。先生は台湾語教育の大家とされる人物で、週に一度、先生の自宅に通っていた。通い始めて半年ほどが経ったある日、先生の机のうえに、台湾語のルビを振った演説原稿があることに気づいた。「だれか演説でもされるのですか?」と聞くと、その原稿は馬英九のものだという。それまで知らなかったのだが、二〇〇八年の選挙前から、この先生について馬英九は台湾語を学んでいたのだった。

馬英九の台湾語は、台湾の反国民党の人々にとっては、気持ちよく思いっきり嘲笑できる格好の話題で、「馬英九は台湾語ができない」が、馬英九批判の定型版だった。馬英九も選挙では台湾語で挨拶しなければ民衆の信頼は得られないことが分かっていた。そのため、先生から台湾語を学んでいただけではなく、台湾語が主流の南部などに行って台湾語で演説を行うために、先生が作った台湾語原稿で一生懸命準備していたのだ。

実際、以前は下手だ、下手だと馬鹿にされていた馬英九の台湾語が、だんだんと「意外に上手い」「上達してきた」と評判になり、馬英九自身も、台湾語で話すことを楽しみにしているように見えた。馬英九という、もともと中国意識を強く持っていた人間でも、政治家として求められる「台湾人の総統」に近づいていくのだと、私は納得していた。

台湾において「台湾人の総統」という言葉は深い意味を持っている。国民党の一党専制政治は台湾の人々を「日本人」から「中国人」につくり変えることを目指した。台湾人という概念は、そのころは、中国のなかの台湾省の人々をさすものであり、日本人のなかの東北人とか東京人という意味にすぎなかった。

中国と切り離された形で「台湾人」が認識されるようになったのは一九八〇年代だった。当時の蔣経国総統が「台湾に来てから三〇年。私もまた台湾人だ」と語った言葉がよく知られている。そのあとの総統の李登輝は、一九九八年の台湾市長選挙で、馬英九の手をとって「彼は新台湾人だ」と紹介した。このとき、李登輝は、台湾に生きる人々は、自分のような台湾生まれの本省人も、馬英九のような中国から渡ってきた外省人も、すべて新しい「台湾人」であると述べたのである。

その後、馬英九は台湾語を学び、台湾の総統になった。台湾の総統選挙のなかでは、自らの

李登輝元総統（著者撮影）

中にどのように「台湾」を取り込み、どうやったら「台湾人の総統」になれるかについて、馬英九自身も考え抜いたはずだった。

しかし、総統になってから、馬英九が目指した「全民総統」は実現せず、支持率は一〇％台に下落した。世の中が馬英九の功績として高く評価するのは中台関係の改善だけになった。

その中でいつからか、馬英九は、中台関係での歴史的栄誉を求めるようになった。中国

訪問を熱望し、選挙の直前には習近平とシンガポールで会った。しかし、これらの功績は、当初、馬英九が目指したはずだった「全民総統」の道ではなく、ましてや「台湾人の総統」の道でもない。あえて言うならば、台湾を中国の一部であると憲法で位置づける「中華民国の総統」の道である。

馬英九の選んだ中台の緊張緩和と、対日・対米関係の強化によるバランス外交は、これしかないというぐらい正確な路線であり、中台関係、米中関係、日台関係において、肯定されるべき馬英九の政策は多い。それなのに、なぜ支持率が低いのか、なぜ選挙で大敗したのか、なぜ馬英九という名前に台湾人が冷笑するような表情を浮かべてため息をつくようになったのか、なぜあの後光は消えてしまったのか。

これらの疑問に対する現時点での私の回答はこうだ。それは、自らのよって立つべき唯一の人々、つまり台湾の人々に君臨し、愛される総統になることに失敗したからであり、馬英九はつまるところ「台湾人の総統」になりきれなかったからではないかと、私は考えている。

†蔡英文は「台湾人の総統」になれるか

馬英九の後を継ぐ蔡英文は、今後、どのような台湾総統になるのだろうか。

二〇一六年五月二〇日に台湾で初めての女性総統に就任する蔡英文の演説は、面白くない。面白くはないが、心に響かないわけではない。普通の政治家のようにテープレコーダーのような政治演説ではなく、自分の言葉で気真面目に語っているからだ。

選挙最終日の一月一五日の夜、総統府前に集まった五万人を前に選挙運動の最後を飾ったときも、「歴史的」と呼べるほどの圧勝を決めた一六日の夜に当選の喜びを支持者の前で語ったときも、聴衆は恐らく、もっと扇動的で、もっとアグレッシブで、感傷的な言葉を期待していたに違いない。しかし、蔡英文はあくまでも冷静沈着、感情を大げさに表さず、淡々と、支持者に対する感謝と、「これからどうするか」を語ることに努めた。蔡英文らしい、としか言いようがない。まるで学生に向かって諭す教師のようだった。忘れられないのは、「私たちにとって必要なのは、謙虚、謙虚、謙虚、この一言に尽きます」と語ったところだ。会場のはじっこで遠くに小さく見える蔡英文の言葉を聞きながら、思わず、「蔡英文はやっぱり蔡英文だ」と苦笑いをしてしまった。

直接選挙を導入した一九九六年以来、台湾の総統ポストは良くも悪くも民衆とのコミュニケーションを得意とするタイプの政治家が勝ち取ってきた。

李登輝、陳水扁、馬英九。日本人にも馴染みのあるこの三人の誰とも蔡英文は違う。かといって何でも合わせてしまうだけの官僚型というわけでもない。蔡英文は、手堅く、粘り強く、ぶれない。見ていても面白くはないが、ハラハラと心配しなくていい。優等生の超エリートであるが、当然、それだけの人物ではない。だからこそ総統に登りつめたのであるが、蔡英文の魅力と能力は何かと問われると、彼女を長く観察してきた今でも、まだうまく説明することが難しい。

蔡英文は二〇一一年に出版した自伝的著書で、政治家になる前の自分について、こんなことを書いている。「しばらく前まで、廊下のはじっこをわざと歩くような学者だった。目立たず、安定した人生を歩める人間になりたかった」。

一九五六年に生まれた蔡英文の家族は、屏東という台湾で最も南にある県にルーツを持つ。父親は客家人で、自動車ビジネスで成功した人物だった。母親は福建系の女性。父方の祖母は先住民族であるパイワン族だった。福建、客家、原住民という台湾土着の三つの系統の血筋を持っていることになる。

父親からは「他人がやらないことをやりなさい」と教えられ、子供のころからとにかく勉強熱心で賢い子供だったという。最高学府の台湾大学法学部（馬英九総統と同じ）を卒業し、米コーネル大学で修士、ロンドン・スクール・オブ・エコノミクスで博士号を取った。二〇代で台湾に戻って大学教授に就く。ここまでは絵に描いたようなエリート人生を歩んだ。だが、そこで友人の弁護士から、病気になった自分の代わりに、政府の貿易交渉の法律顧問に誘われ、引き受けたときから人生が変わった。

貿易交渉は法律の知識と交渉力が問われる。博識で冷静な蔡英文の才能はそこで発揮された。政府から重用され、台湾のWTO加盟に伴う交渉団の首席法律顧問となり、李登輝政権の国家安全保障会議（NSC）の諮問委員（閣僚級）にも任命された。当時、中国から猛反発を受けた李登輝の「二国論」の起草者にもなった。陳水扁の民進党政権では中国問題を担当する大陸委員会のトップにつき、中国との交流を限定的に開放する「小三通」のための法整備を行い、その後も立法委員、行政院副院長などを歴任した。

民進党に加入したのは意外に遅く、立法委員になる二〇〇四年だった。総統選、立法委員選挙で民進党が惨敗を喫してどん底にあった二〇〇八年、党内の大物が誰も主席を引き受けない状況で、あえて蔡英文は主席に就いた。二〇一二年の総統選では馬英九に挑んで惜敗し、一時的に党主席を離れたが、二〇一四年に満を持して党主席に復帰。同年末の地方選挙で民進党を圧勝に導き、その勢いに乗って、今回の大事な選挙でも勝ち抜いた。

私が記者として蔡英文に初めて会ったのは、二〇〇八年だった。当時は新聞社の台北特派員で、インタビューの内容を新聞に載せたあと、蔡英文から厳しい抗議があった。自分の語った内容と違うので訂正して欲しい、という話だった。確かに発言のニュアンスを十分に伝えきれていないところがあったが、間違いというほどではなかった。野党党首の発言を新聞に載せるために行数の限界があるなかで、できるだけコンパクトにエッセンスが伝わるようにまとめるために少々表現に手を加えたところが気に入らなかったらしい。間に入っていた民進党の海外メディア担当の人をかなり困らせていた。あとで聞くと、台湾メディアにもいつも原稿の訂正を求めることが有名で、記者たちの間では、中国語で訂正の意味である「更正」をもじって「蔡更正」と恐れられていたそうだ。

そんな細部へのこだわりも、前述のようなその経歴をみれば理解できる。国際法や国際貿易の専門家で、英語を母国語のように使いこなし（英語が得意な馬英九総統の英語よりもさらに上手い）、細かい国際会議のネゴシエーションもお手の物。優秀さという意味では、アジアのほかの指導者と並べてみても、圧倒的に実務能力は高いのではないだろうか。メガネにおかっぱの髪型というスタイルは、子供のころから今に至るまで、まったく変わっていない。美人ではないが、笑顔にあどけなさも残る童顔で、子豚にも似ており、子豚に似せたキャラクター人形も選挙運動で販売されて人気を集めた。大学時代は同級生の男性たちに人気があったらしい。恋人を不慮の事故で亡くした経験もあるとされ、現在まで独身を貫き、飼っている愛猫がパートナーとされる。

個性が似ていると言えなくもないドイツのメルケル首相を尊敬すると述べている蔡英文は、あらゆる面で非の打ち所のない人なのだが、民主化運動出身者が中心で体育会体質である民進党に必ずしもマッチしていない部分はあった。二〇〇八年に党主席になったときはあくまでショートリリーフの位置づけで、彼女が八年後に総統選挙でこんな風に圧勝するなど誰も、夢にも思っていなかった。誰かが言い出したあだ名は「空心蔡」だった。これは野菜のクーシンサイに引っ掛けたもので、クーシンサイの中身が空洞であることから、蔡英文は理屈ばかりで具体的な中身が伴っていない、という皮肉が込められている。

しかし、蔡英文の今日の勝利を早くも予感させたのは、二〇一二年の総統選で、惜しいところで馬英九に敗れ去った日の夜だった。支持者を前に、冷たい雨のなか、やはり淡々と、しかし、強い信念を持って語られた「敗戦の弁」はいまも語り継がれるほどの名演説。蔡英文は敗戦に対して、確かな口調で「みなさんは泣いてもいいが、落胆してはいけない。悲しんでもいいが、諦めてもいけない。明日からは、また以前の四年間と同じように勇気と希望を持つのです」と語った。当日、会場で話を聞いていた私も、さすがに感動で目が潤んでしまった。その様子が中国でも放送されたことで中国人の間で評判になり、それまでの民進党に対する「粗暴な独立派」という中国人の固定化されていたイメージが変わるきっかけになったとも言われている。

二〇一二年に敗れたあと、いったん党を離れて民間に戻り、社会各層と交わることによって再起を期したことも正確な判断だった。党内のライバルだった蘇貞昌・元行政院長との厳しい政治闘争も勝ち抜き、民進党の課題だった世代交代を粘り強く進めて党内のうるさ方も抑え込んだ。人との接し方にも穏やかさや優しさが加わり、頭が固くて融通が利かない人であるという評判も、いつしか「蔡英文は変わった」という声にとって代わられた。台湾は、これまでとは「異世界」の人間をリーダーに迎えることを選んだのである。

蔡英文は経験の浅い政治家である。選挙戦では素人っぽさがかえって新鮮に見える瞬間もあった。蔡英文は、攻撃力はそれほどではないが、守備力に長けた政治家であると思える。今回の選挙でも国民党陣営からの様々な攻撃に対して、常に冷静かつ理性的に対応し、批判のネタになる失言はなかった。馬英九の不人気やひまわり運動の成功などから与えられたリードを無事かつ安全に守りきるという意味では、最適任の候補だったのかも知れない。

しかし、複雑な歴史と、異なる背景の人間集団と、不利な国際環境を生来的に抱え込んだ台湾の政治は、つねに難題と向き合わなければならない伏魔殿のような世界だ。これまで、蔡英文はその人生の中で与えられたチャンスにしっかりと応えることでキャリアを積み上げてきたが、これからは簡単に答えが得られないこともあるだろう。輝いている蔡英文が四年後になって、今回の馬英九のように、蔡英文に票を投じた六八九万の人々に「裏切られた」と思われないでいられるかどうか。それには「優等生」の良さを失わないまま本物の政治家に、さらなる脱皮を図れるかにかかっている。
蔡英文が「台湾人の総統」になれるかどうかは、ひとえに、今後の四年間にかかっているとしか言いようがない。「中国」を背負った外省人である馬英九よりも、台湾出身の本省人家族を背景に持つ蔡英文が有利な位置にいることは間違いない。しかし、同じ民進党の総統で本省人であった陳水扁のように、結果的にグループ（族群）の対立をあおって社会に亀裂を生んでしまえば、それもまた「台湾人の総統」としては合格点とは言えない。すべての民に君臨する「全民総統」になる必要はないが、支持者だけでなく反対者からも自分たちの指導者であることを受け入れてもらえる「台湾人の総統」にならなければ、これからの台湾を正しくスムーズに統治し、中国と向き合うことは難しい。

前々任の陳水扁と前任の馬英九は、いずれも「当選の歓喜」から「退任の失望」へと激しくその評価が変転した。台湾初の女性総統が二人と同じ轍を踏まないことができるか。その答えが出るのは、蔡英文の再選が問われる四年先になる。

第二章　台湾と日本

†台湾は「国」なのか？

この章では「台湾と日本」を論じてみたい。日本人の書き手としては、最も書くべきテーマなのだが、最も難しいテーマでもある。それでも、台湾について書くのであれば、どうしても向き合わなくてはならない。ときどき大学での授業や講演で台湾について話をする。過去に本を書いたことがある「蔣介石」や「故宮」という特定の問題に焦点を当てる場合もあるが、「台湾」そのものを講演で紹介する機会も珍しくない。

そんなとき、最初に若い彼ら彼女らに、こう尋ねることにしている。

「みなさんは、台湾は国だと思いますか」

挙手をしてもらうと、「思う」と答える人は、だいたい、いつも三割ぐらい。「思わない」と答える人は七割ぐらいいる。ただ、ここ二、三年は「思う」という回答が増えている気がする。台湾に対して日本社会全体の関心が強くなっているという昨今の状況を反映しているのかも知れない。「思わない」と挙手をした人には、「どうしてそう思うのですか」と聞くことにしている。回答はさまざまで「国連に加盟していない」が最も多い。「日本と国交がない」「中国の一部だから」といった回答もある。答えはどんなものでも構わない。そこからが、私の講義の始まりとなる。

我々が台湾を国ではないと考えるなら、そのことを立証しなくてはならない。しかし、「これが実は、たいへん難しいことなのです」と学生たちに説明する。

台湾には中華民国という国名がある。憲法もある。選挙があって、大統領にあたる「総統」や、国会議員にあたる「立法委員」が選ばれている。「ニュー台湾ドル」という通貨もある。なかなか精強な軍隊も持っている。「中華民国」と表紙に印字された台湾の緑色のパスポートは国際的に通用している。二三〇〇万人という少なくない人口を持っている。領土も、台湾と澎湖諸島、金門、馬祖などを統治している。けっこう高い税金を取って、ちゃんとした福祉を行っている。使い勝手のいい健康保険制度も完備している。

政治学では、国家成立の条件として、一九三三年のモンテヴィデオ議定書などに基づき、①領土、②国民、③政府、④国際承認などを挙げている。どこからどう見ても、①から③については、台湾は条件を備えている。問題は④の国際承認だ。台湾は国連に加盟していない。外交承認も、主要国ではなく、主に南米、南太平洋、アフリカの小さな二二か国の国々からしか受けていない。

ただ、昔から、国際承認がなかったわけではない。台湾の国名である中華民国は国連創設メンバーであり、一九七一年までは国連加盟国の常任理事国だった。中華人民共和国の加盟と同時に国連を脱退している。日本とは一九七二年まで、米国とは一九七八年まで、ともに正式な国交を持っていた。ちなみに、日本は北朝鮮を国家承認していないが、北朝鮮は国連に加盟しており、日本の未承認を理由に「北朝鮮が国ではない」と主張する人は、承認していない日本の国民ですら、ほとんどいないだろう。

この状況を、我々はどう考えるべきなのかと、学生たちに問いかける。

国連に入る前は「国」で、国連を抜けたら「国」ではなくなるのでしょうか？

承認する外国がみな小国だと「国」にはならないのでしょうか？

そもそも「国」とは、いったいなんなのでしょうか？

学生たちも困った表情を浮かべる。だが、私も明確な答えを持って聞いているとは言いがたい。前述のように、台湾が国際承認以外では、国家の要件を満たしていることは間違いない。そして、世界には、国際承認を完全には得られていない多くの「未承認国家」が存在している。パレスチナもそうだし、アフリカなどにも複数ある。承認を受けるか受けないかの違いは、その実際の国家の実力だけではなく、国際社会の情勢や大国の意向が左右する。立派な統治・外交能力を持ちながら、国際承認が得られない台湾が最もいい例かもしれない。つまり、国際承認とは主体的に台湾自身が解決できる問題ではないのである。

そして、国際承認問題は、台湾に生きている人々が、自分たちは一つの「国」に生きていると考えて日々生活していることとは、本質的には何の関わりもない。我々は少なくともいつもその点にちゃんと思いを至らせなくてはならない。

私は、授業の最後に、たいていこんな話をして、締めくくる。

「日本政府は台湾を国家承認していません。しかし日本政府が承認していないことと、私という個人が台湾を国だと考えるかどうかは別の次元の問題です。台湾問題に限らず、政府の決定に個人がすべて従う必要はありません。台湾を国だと思うことも思わないことも皆さんの自由です。ただ、皆さんがもしも台湾を国だと思わないのであれば、目の前にいる台湾の人に、あなたが祖国だと信じているものを私は国だとは認めないと言い切るだけの覚悟と勉強をしてください。台湾という身近な隣人は、皆さんが、国家とは何か、国民とは何か、国際社会とは何か、そんな根源的な問題を考えるにあたり、格好な教材になります。台湾という存在は単なる記号ではなく、そこに二三〇〇万人が暮らしている実体です。そのうえで、それぞれの問題意識から、台湾についてまずは考えてみてください」

†台湾にまつわる「思考停止」

こんなことを日本の若者たちに語ることについて、私なりに、いちおうの理由がある。それは、台湾という存在について、日本社会は著しく「思考停止」に陥ってきたのではないかと、考えているからである。

その認識を持った背景には、私自身の個人的な体験が関係している。

一九九八年、九州にある朝日新聞久留米支局の記者だった私は、社内留学の公募に選ばれて、中国語研修に一年間、行くことになった。中国語の研修は当時、朝日新聞で一年に一人だけ。当時、支局でそりの合わない上司に出会い、仕事的にも精神的にもくすぶっていたこともあり、とにかく嬉しかった気持ちは今でも鮮明に覚えている。

会社の制度上、留学するにはまず東京に異動しなくてはならない。当時外報部（現在は国際報道部）と呼ばれていた部門で数か月、「外電」と呼ばれる海外ニュースの処理係（内勤と呼ばれる）をやりながら留学の準備を進め、たいてい秋入学である中国や欧米など世界各国に出発する。留学生がどこの大学を選ぶのかは原則各自に任されていて、私は、大学時代、中国、香港、台湾のいずれにも長期・短期で留学した経験があったので、いろいろ検討した末に、当時、総統直接選挙が行われたばかりの台湾に行きたいと考えた。

中国語についてはそれなりに自信があったので、語学学習よりは、大学院に行くことにして、一年で単位を取り終え、翌年は日本に帰国して論文を書いて修士を取ろうというプランを立てた。台湾研究で著名な大学の先生に手紙を書き、留学先の紹介をお願いした。いま思えば無鉄砲なことをしたもので、思い出すと汗が出てくる。しかし、この先生は快く引き受けてくださり、台湾大学の教授で、後の陳水扁政権で大陸委員会主任を務めた陳明通教授を紹介され、台湾に行って面接試験を受けて合格した。

台湾への留学希望を私は外報部の上司に伝えており、面接に行くときも「頑張ってきなさい」と送り出してくれた。しかし、台湾大学から合格通知が届いたことを報告すると、外報部の上司は突然不機嫌な顔になり、「本当に台湾に行くのか」「考え直したほうがいい」と言い出した。驚いた私が「最初は問題ないということでしたから、いまさらダメと言われても困ります」と食い下がると、この上司は「状況が変わったんだ。だいたい、朝日新聞から台湾に留学で行くなんて、今まで一人もいなかった」と言う。「一人もいないから行けないというのはおかしいし、台湾がダメなら、そのようにルールで決めておけばいいのではないですか」と反論したが、明確な理由の説明はなかった。

しばらくペンディングとなったが、やがて留学の行き先を最終決定しなければならないときが迫ってきた。社内の先輩から「社内のお偉方の××が怒っているぞ」「将来中国に行きたかったら、台湾に行くべきじゃない」といった「アドバイス」もいろいろ受けるようになった。そのうち、それまで一度も面識のない元中国特派員経験者のベテランから社内の喫茶店に呼び出され、こう詰問された。

「君は、日中記者交換協定というものを知っているか」

「知っていますが、それは留学とは関係ないはずです」

「中国から朝日新聞が中国の国家分裂に加担し、日中友好の精神に反していると思われたら、君は責任を取れるのか」

実際、一九六四年に交わされた記者交換協定はそのときほとんど実効性を持っていなかったと思われる。ただ、「二つの中国」をつくるような陰謀に加担しないという日中「政治三原則」の精神に従うという暗黙のルールが日本のメディアを縛ってきた経緯がある。しかし、私の台湾留学が、国家分裂活動になると言われても納得はできない。もちろん、私は国家分裂活動を企てるために台湾へ行くわけでもない。中国語の能力を高め、学識を深め、将来の中国・台湾報道に貢献するためである。

私はさらに抵抗したが、最終的には意を決した上司から「留学を諦めるか、台湾を諦めるか。これは業務命令だ。どちらか選ぶようにしてくれ」という最後通告を突きつけられた。悩んだが、留学のチャンスを逃したくはない。現実を優先して台湾留学を断念し、福建省のアモイ(廈門)大学に留学することにした。台湾の対岸にあるアモイを選んだことは、ささやかな意地でもあった。

当時の私には、もちろん挫折感があった。ただ、そうなった原因については、朝日新聞が「中国寄り」であるためにこうなったのだと、漠然と受け止めていた。しかし、それから時間が経って、自分のなかでこの体験を客観的に振り返られるようになってくると、もう少し深い問題が潜んでいるのではないかと考えるようになった。

一九七〇年代ならいざ知らず、中台の交流がかなり始まっていた一九九〇年代で、朝日新聞の一若手記者が台湾に留学したからといって、中国政府が怒ることなどあり得ない。しかし、台湾に関わったら、中国とはうまく付き合えない、という判断があるからこそ、留学をさせられないと、朝日新聞(の私の上司たち)は考えた。しかし、そこに具体的な根拠があるわけではなく、「台湾には関わるべきではない」という常識があっただけだったと推察される。

日本のいわゆる「進歩派」の勢力(メディア、知識人、政党など)は、いささか乱暴に言い切ってしまえば、戦後の中国に対しては、「日中関係＝日中友好ベース、歴史問題＝日本の過ちを認める、台湾問題＝中国の主張にできるだけ配慮する」というスタンスだった。

日中関係を友好的にマネージメントすることも一つの外交政策である。歴史問題についても人々の信念の問題である。しかし、台湾について「中国の主張に配慮する」ということは、何か自分の考えを持ってやっているわけではなく、事実上、「日本人としては台湾について何も考えないようにする」「中国に文句を言われると面倒だから、台湾には触らないようにする」ということに等しいと考えることができる。

✝冷戦終結後も続いた「中国への配慮」

東西冷戦期で、台湾が蔣介石・蔣経国親子の独裁政治下にある間は、台湾にあえて触れないというスタンスも理解できないわけではなかった。しかし、冷戦が終わり、中台関係の緊張が緩和に向かい、台湾で民主化が動き出した以上、台湾に対する無視、あるいは消極的スタンスも、その前提条件が変わったのだから、見直されてしかるべきだった。

しかし、台湾問題に関する「中国への配慮」が冷戦終結後や台湾の民主化後も完全には改まることはなく、私の台湾留学が頓挫したのも、結局、長年にわたる「台湾に対する思考停止」という問題につながっていると、自分なりに理解するようになった。

この「思考停止」については、日本でも多くの台湾研究者らが、それぞれ言葉を変えながら、いろいろな場で問題提起を行っている。例えば、台湾人の戴國煇は著書『台湾という名のヤヌス』（一九九六年）で、こう述べている。

「（李登輝・司馬遼太郎会談が日本人に分かりにくかったと言われたことについて）台湾の存在が小さすぎて常に中国大陸の蔭に隠れる、はたまた隠されることからもたらされる情報不足の〝状況〟ゆえなのだろうか。

多少好転しているとはいうものの、日本人もしくは日本世論の台湾無視と台湾軽視の状況はほとんど変わらない。『台湾盲腸論』（著者注：日本にとって小さい存在の台湾は、あってもなくても大したことでないとする論）が依然として底流にあるように思えてしようがない」

日経新聞、産経新聞で中台関係や台湾問題について健筆を振るった山本勲は、丸山勝との対談本『中台関係と日本』で、こう述べている。

「『台湾は中国の内政問題であり、日本の内政干渉は許さない』との共産党政権の強固な姿勢に圧倒されたか、あるいは日本が日清戦争後、五〇年間にわたり台湾を植民地支配したことへの怨念や反感に配慮したためか。ともあれ、日本の社会では台湾問題がタブー扱いされた時期が長く続いた。複雑な歴史的、政治的経過に由来する精神的トラウマ、心理的コンプレックスに政治的プレッシャーが重なり、日本人はこの地域の問題を自分の目で見つめ、自分の頭で考えることを長い間、意識的、無意識的に拒んできたというのが、現実ではなかっただろうか」

アカデミズムの世界でおそらく最もこの台湾への「思考停止」に長く向き合ってきた一人で、台湾現代史研究の草分けである若林正丈は、二〇〇四年に開かれたシンポジウムを書籍化した『中台関係の現実と展望』のなかで、日本における台湾の「忘却」をこう語っている。

「台湾をどう考えるかということは、戦後の日本人の思想史、あるいは精神史レベルの問題なのだろうと思います。戦後の冷戦構造が日本人の思考に対していろんな制約をもたらしているということについては（中略）そのなかで台湾が変なふうに忘れ去られたという状況があるのではないか。だから、精神史上、あるいは思想史上は日本人と台湾人はきちんとした脱植民地を経験していないのだと思います」

ここで若林が提起している脱植民地の問題は本書の終章で論議するので措いておくが、その表現こそ抽象的なものにしているが、日本人の台湾への「思考停止」（あるいは忘却）は、病気のレベルにあると言っているようにすら聞こえる。

†日本に伝わった台湾民主化の熱気

私にとって、台湾の初体験は一九八八年のことである。大学二年生だった当時、台湾の政府主催の招待旅行に誘われた。世界中から若者が集められ、台湾を一周するプログラムで、台湾の学生たちがアテンドしてくれた。すでに蔣経国総統は亡くなっており、副総統だった李登輝が総統に就任していた。プログラムの終わりのパーティーに李登輝が登場し、握手を交わした覚えがある。

二度目の台湾体験は一九九一年だった。香港中文大学での一年間の留学を終えて、普通語（北京語）の上達の遅さに危機感を覚え、台湾の師範大学の夏期コースで三か月学んだ。自分で部屋を借り、企業で日本語教師のアルバイトもやり、自炊生活を送るという形で、短いとはいえ、充実した台湾ライフを送ることができた。この際に台湾から受けた好印象が、後の台湾問題への関心につながっていく。

当時の台湾はまさに民主化に向けて邁進する最中で、新聞紙面では日々、「国是会議」を開催して、万年議員をどうやって引き摺り下ろすかを盛んに議論していた。毎朝の新聞の見出しを読むだけで、台湾の変化と活力を体感できる時期だった。この頃、最も輝いていた新聞は中国時報だった。親中系の台湾企業に買収され、中国寄り一辺倒の論調になった現在の紙面とは対照的で、リベラルな立ち位置から生き生きとした報道を展開していた当時が懐かしい。いつか自分も「中国時報で働きたい」と思ったほどだった。台湾では多くの人々が「一九九〇年代の台湾がいちばん良かった」と口々に振り返る。特にベテランの台湾人記者たちはたいていそうだ。そんな熱気が、ようやく日本に伝わり始めたのも一九九〇年代だった。そのことは、日本における台湾関係書籍の出版から検証することができる。

†戦後日本の言論界で無視された台湾

戦後の日本で読まれる台湾の一般向け概説書は、不思議なことだが、ほとんど刊行されていなかった。日本にとって無視される、あるいは、忘れ去られた存在だった。台湾のイメージも良好なものではなかった。売春ツアー、蔣介石・蔣経国の独裁。大手メディアが台湾に拠点を置いていない関係もあり、日本での台湾情報は極端に少ない時代が続いた。

民主化に動き出した台湾について語り始めたのは、台湾系の人たちだった。先頭を切ったのが、岩波新書から一九八八年に出版された戴國煇著『台湾』である。一九九三年には中公新書から伊藤潔著『台湾』が出版された。戴國煇は台湾でも知名度の高かった台湾史の研究者で、伊藤潔も台湾出身で日本に帰化した研究者である。

いずれも台湾についての概説書であるこの二冊からは、今日でも学ぶべきことがたくさんあり、私のメーンの書棚から落ちることはない。注目すべきは本のタイトルがともに「台湾」であることだ。個別のテーマではなく、総体としての「台湾」となっているのは、啓蒙書の性格を持っていることを意味する。それくらい、台湾は縁遠いものだった。

この時期の台湾では、一九八七年の戒厳令の解除、一九八八年の本省人最初の李登輝総統の誕生、政治や報道の自由化などの民主化が進行していた。一部の間で台湾の変化への関心が高まり、書物へのニーズが生まれたのである。

一九九四年、毎日新聞の上村幸治香港特派員が書いた『台湾――アジアの夢の物語』という本が出版された。当時はすでに朝日新聞の地方支局で記者をしていたが、この本を手に取り、私も台湾で記者として働きたいと初めて意識した。上村は台湾で平和的に進んだ民主化を一種の「夢の物語」だとして、生き生きと民主化のプロセスを現場感覚あふれる筆致で描いた。興味深いのは、ジャーナリストの手によって、台湾を前向きに捉えたこの種の本が、それ以前の日本ではほとんど存在しなかったことだ。それは上村自身が同書のなかで「台湾といえば、脳裏に浮かぶのはせいぜい国民党と蔣介石ぐらい。（中略）想像力がそこから羽ばたくことはなかった」と告白している。だが、記者として目撃したのは「政治においても奇跡と呼ぶしかない大胆な改革」だった。

ジャーナリズムだけではなく、アカデミズムでも台湾研究は勢いを増していった。日本台湾学会が一九九八年に発足し、記念シンポジウムの冒頭で、台湾政治研究の先頭を歩いてきた若林正丈は「ある地域が、学問研究としての地域研究の関心対象になるということは、その対象がそれだけの濃厚な個性を有した地域であるということだろう」と述べている。それはとりもなおさず、それ以前の日本において、台湾というテーマが研究の関心対象として広くは認識されていなかったことを、この言葉から感じ取れる。若林は二〇〇一年に、ちくま新書から台湾政治の概説書『台湾』を刊行している。

†『台湾紀行』と『台湾論』

台湾への関心が勃興しつつあるころ、さっそうと日本社会に登場したのが一九九四年刊行の司馬遼太郎『台湾紀行』だった。この本ほど、日本人の台湾観に影響を与えた台湾関係の書物は存在しない。作家人生の晩年にあった司馬は、台湾への旅のなかで、台湾社会の核心を摑もうと最大限の努力を払った。「小生は七十になって、自分は『街道をゆく』の『台湾紀行』を書くために生まれてきたのかな、と思ったりします」「脳裏が台湾で塗りつぶされたような一年でした」と語っていたという。司馬は台湾に共感し、中国と国民党への反感を隠さなかった。「蔣介石がこの島に巨大な中華民国を持ち込んだが、いまは虚構になった。実体は台湾島でしかない」。そんな強烈な言葉も残している。

百戦錬磨の作家である司馬をそこまでのめり込ませたのは、日本を含めた「外来政権」の統治を受け続けていた悲劇性に加えて、民主化に向かって力強く歩き始めた台湾が発する磁力が、作用したことは間違いない。司馬の台湾認識に大きく影響を与えたのは李登輝総統である。司馬は李登輝を「大木をそのまま切り出してきたような人だ」と形容した。私も数度、李登輝にインタビューをしたことがあるが、笑顔をたたえた〝大木〟が自宅の二階から笑顔で下りてくる瞬間は、いつも胸が高鳴ったものだ。

司馬を通して、日本は台湾を知り、李登輝を知ったといっても過言ではない。「老台北」という名で司馬を台湾でもてなした蔡焜燦が自著『台湾人と日本精神』のなかで「(『台湾紀行』という)この作品は台日両国の精神的な距離を縮め、両国民に相互親愛の情を育んだ最高の『外交』だった」と総括している通りであろう。

日本社会の台湾理解を刺激した書物として、二〇〇〇年に刊行された小林よしのりの『台湾論』も外せない。『台湾論』は、慰安婦に関する記述が台湾で論議を呼び、小林の入国制限といった事態に発展して問題が政治化されてしまったが、内容には学ぶべき点が多々あり、入門書としては秀れたものになっている。私も、台湾での特派員生活のなかで、何かヒントを摑みたいときは、まず『台湾論』と『台湾紀行』を繰り返しめくった。

ただ、司馬も小林も、その台湾取材のなかで、李登輝や老台北こと蔡焜燦を中心に、台湾の独立派かそれに近い人々を中心とする「親日派」のフルコースの歓待を受けている。この方々には私もお世話になった経験があり、それぞれ大変魅力的な人たちなのだが、彼らの台湾に対する説明は、基本的に同じトーンを奏でるものだ。戦前に日本語教育を受けた「日本語族」と呼ばれる人々だけから台湾を学ぶ形になると、今日の台湾を理解する方法として、どうしても偏ったものになってしまうマイナス面があることは否めない。

台湾にいて、マルチリンガルである台湾の人々が、日本語を使うとき、台湾語を使うとき、北京語を使うとき、それぞれ話す内容や人格まで変わると感じるところがある。日本語を使うと、限りなく人のいいおじさんになり、台湾語だと庶民派で威勢のいいおっさんになり、北京語になるとやや他人行儀で冷ややかな大人になる、というイメージだ。李登輝の話も、日本語、台湾語、北京語で聞くのでは、それぞれずいぶんと違って聞こえる。それは「日本語族」が意図するものではなく、言葉を変えることで異なる人格が現れる、と考えた方が正しい。

†独特な世代である「日本語族」

「日本語族」との日本語によるコミュニケーションは日本人にとっては麻薬のようなも

ので、その心地良さにはまると、抜け出したくなくなる。一方、彼らの世代の感性は台湾社会を構成する非常に重要な一部分ではあるが、すでに第一線から退き、現在の台湾は戦後世代によって担われている。「日本語族」の語っている台湾は、台湾民衆が国民党に弾圧された一九四七年の二・二八事件や白色テロの経験もあって、どうしても外省人vs.本省人という構図に割り切られてしまう。台湾社会の有する多元性と複雑性が、十分に汲み取りにくくなるのである。それは現在も重要な視点ではあるが、その構図だけでは、例えば日本で直木賞を受賞した東山彰良『流』の世界で描かれる外省人の心理的屈折や、台湾のベストセラー作家である龍応台のヒット作『台湾海峡1949』で描かれた「外省人も敗北者である」という世界が抜け落ちてしまう。私も「日本語族」たちに多くを教わりながら、いつか彼らの経験をしっかり理解したうえで、次のステップとなる台湾観を身に付けなくてはならないと考えるようになった。

いずれにせよ『台湾紀行』と『台湾論』の影響は多大なものがあり、トータルでみれば、日本の台湾理解に大きな加点となったことは間違いない。

一九九〇年代から二〇〇〇年代にかけては、日本の知的空間においては台湾への再認識が進んだ時期だった。その後、台湾に対する日本の関心は「中台関係」「台湾経済」「アイデンティティ」「台湾文学」などの個別研究領域をそれぞれ深化させながら、台湾に対する日本社会の好感度や関心度は、静かに着実に発酵を続けていったのである。

そんな日本における台湾認識は、二〇一一年の東日本大震災以来、新局面に入ったと言うことができる。政治的に日台関係は非公式のままだが、国民意識としては、日台関係は公式レベルに昇格したようにすら思える。

日本人の親台感情は、それまでは左からの「台湾派」のレッテル貼りをいかに回避するかに非常に気を使ってきた。しかし、最近は「私は台湾が好きだ」「台湾に関心がある」と語ることへの精神的な圧力は過去に比べて大きく減退したと実感する。

日本での対中感情の悪化が対台感情への相対的上昇をもたらした、という分析は、完全な正解ではない。中国が嫌いで台湾を応援したくなる気分があることは否定しないが、それよりも、台湾が「中台関係」から次第に切り離され、台湾問題は、中国問題におけるサブ・イシュー（副次的問題）から脱しつつある、ということが言えるのではないだろうか。

この問題は、第七章でもより掘り下げて詳しく論じてみたい。

†日本統治は「日治」か「日據」か

「台湾における日本」も考えるとき、日本の植民地統治への評価は避けては通れない。

日本が台湾を統治した時代をどう呼ぶか。これが実は台湾では大変厄介な問題である。

台湾には、日本統治のことを「日治」と「日據」の二種類の呼び方がある。どちらも「日本が支配した」という意味である。これは漢字の面白さでもあるが、「日治」は日本統治の合法性を強調したニュアンスになり、「日據」では逆に違法性を強調したニュアンスになる。特に「據」には軍隊などによって無理矢理に占拠したという語感を与える。日本の台湾統治が合法的なものだったのか、あるいは侵略的なものだったのか、という本質的な価値判断にかかわってくる問題が呼び方をめぐって、台湾では問われてしまう。

それは、台湾社会にひそむ歴史観の「亀裂」があるがゆえである。日本は日清戦争に勝利した結果、下関条約によって台湾を清朝から割譲された。これは、日本と清朝との間で正式な外交文書を結んで決めたものだったが、第二次大戦の日本敗北によって合法性は否定される。ルーズベルト、チャーチル、蔣介石の三者が集まったカイロ会談で、日本は「清朝から盗み取った領土」を返還すると定めたカイロ宣言が決められた。そのカイロ宣言の遵守をうたったポツダム宣言を日本は受託しているので、中国からすれば、領有そのものの合法性にも疑いを向けるロジックの正当性が強化されることになった。

カイロ宣言は単なるプレスリリースではないかという反論もあるだろう。日本人からすれば、日清戦争の結果まで否定されるのは納得しがたいところもある。だが、戦争に負けると、余分にいろいろなものを失うことは理解すべきだ。カイロ宣言が出された当時の蔣介石は国民政府の最高指導者であり、その中華民国は中国大陸は奪われたとはいえ、いまも台湾に存在する。中華民国的史観からすると「日據」を使うべきだと考える。

しかし、台湾には必ずしもこうした中華民国史観に同意しない人も少なくない。『台湾紀行』のなかで李登輝が司馬遼太郎に語った「台湾は外来政権に統治されてきた」という言葉が思い出される。その歴史観に立つならば、スペインもオランダも清朝も日本も中華民国も、台湾に外から足を踏み入れた政治体制は台湾人にとっては等しく外来政権であり、そこに合法か違法かといった問題はそもそも存在しない。台湾が、そうした歴史を歩んできたという「悲哀」があるだけである。どんな統治が行われたのかという相対評価の問題はあっても、どの統治が善でどの統治が悪かという絶対評価の問題はなくなる。

台湾の人々の多数の感性はこの後者に近いようにも思えるが、政治体制が中華民国であるので、そこには微妙な「誤差」が生じることになる。

台湾で困るのはこの「日治」と「日據」の使い分けである。人によって会話で「日治」を使う人もいれば「日據」と言う人もいる。総じて、民進党支持者や独立派の人は「日治」を使い、国民党支持者や統一派の人は「日據」を使う。私の方は相手に合わせて言い方を変えるのもおかしいので、「日本統治」とか「日本時代」と呼んでいた。これならば、どちらからも中立的な感じで受け止めてもらえるからだ。

日本人としては「日治」と言いたい気分はある。しかし、もし台湾の人たちが「日據」とするならば尊重しなくてはならない。台湾のなかでコンセンサスがない問題に、外国人であり、半分当事者でもある日本人が口を挟むべきではない。台湾における歴史観とアイデンティティの問題は分ちがたく結びついており、しばしば「日本」問題が各自の立場を分ける政治的リトマス紙になることを理解することが大切だろう。

この問題の結末は、論争の末、台湾の教育部が「日治」と「日據」の両方の表記の混在を認め、教科書を執筆する人の立場を尊重するという考え方を取った。台湾の教科書もまた、日本のように公定教科書ではなく、民間出版社が編纂した教科書をそれぞれの地方自治体が選ぶシステムだからだ。ただ、台湾の行政院は、公用文書では「日據」を使用することを統一見解にした。その理由は「中華民国の国家主権と民族の尊厳に基づく」とされている。そこには「中華民国」総統であり、自身も中華民国体制の熱烈な信奉者とされる馬英九の意向が強く働いていると見るのが妥当だ。その後の台湾の報道や出版の用語の使い方を見ていると「日據」がやや増えたかなと感じるが、それほど変わっていない気もする。民進党政権下では、また揺り戻しもあるかもしれない。

†日本は台湾を二度捨てた

戦後の台湾では、日本時代に生きていた人々のことは、あまり取り上げられることはなかった。そのことを強く感じさせたのが「湾生《わんせい》回家」という、二〇一五年に台湾で最もヒットしたドキュメンタリー映画だ。台湾のアカデミー賞「金馬奨」で最優秀ドキュメンタリー賞にノミネートもされた。日本でも二〇一六年秋に上映が予定されている。

「湾生」とは、戦前、台湾で生まれ育った日本人のことを指す。映画の日本語タイトルは「故郷——湾生帰郷物語」。「回家」という言葉が示すように、湾生たちは日本に帰った後も忘れられなかった「台湾＝故郷」に、戦後七〇年を経て、深い感慨とともに戻っていく物語だ。高齢に達した湾生たちが、それぞれの「故郷」で懐かしい人々や景色と再び出会い、台湾への愛惜や戦後の人生を語るところが見どころになっている。

「湾生回家」を台北市内の映画館で見たが、観客の年齢層が意外に若いことに驚かされた。隣に座った二〇代の女性は、映画の最初から最後まで、涙をハンカチで拭い続けていた。

敗戦によって日本は台湾の領有権を放棄し、中華民国政府は日本人（台湾では内地人と呼ばれた）を全員、日本に帰す方針をとった。一九四九年までに日本人の帰還事業は完了。当時、台湾から引き揚げた日本人は軍民あわせて五〇万人と言われる。台湾生まれではなくても、台湾で長期にわたって少年期や青年期を過ごした人々も湾生に含まれる。

「湾生回家」の価値は、激動の歴史を歩んだ台湾の近代史のなかで、「台湾から日本に戻

「湾生回家」の関係者（同映画フェイスブックより）

ったあとも、台湾を忘れず生きてきた」という湾生の物語を新たに発掘したところにある。台湾社会のなかで、一九四五年以降に台湾を去った日本人たちが、これほど台湾を深く懐かしみ、思い続けたことは、台湾でも日本でも語られなかった話だ。

そればかりでなく、むしろ日本人は「台湾を捨てた」と、台湾で広く受け止められてきた。『台湾紀行』では、司馬遼太郎が、台湾の老婦人から「日本は台湾を二度捨てた」と詰め寄られ、答えに窮したところが描かれている。私自身、台湾で暮らしている間に、何度か高齢の方々にそう言われ、罪悪感を感じた記憶もある。

二度捨てた、というのは、一九四五年と、一九七二年のことで、前者は日本の敗戦による台湾の放棄、後者は日中国交正常化に伴った台湾との断交である。前者も後者も、日本にとっては、かなりの部分、自力ではどうしようもないものだった。前者については降伏の条件として台湾放棄を約束させられた。後者もまた、日本の国益のため、世界の潮流に乗り遅れないよう、やむを得ない判断だっただろう。しかし、台湾にとってみれば「捨てられた」と言いたくなる心情も理解できる。一方、終戦当時、台湾にいた日本人のなかに「台湾を離れたくない」という気持ちでありながら、国家が定めた運命によって無理矢理台湾から引き離された人々がいたことは、この作品を見れば十分に伝わってくる。

こうした人間ベースの日台関係は戦後、政治的に隠されてきた部分があった。台湾では国民党の「中国化」教育で日本への思いは「皇民意識」として克服すべき対象となった。日本でも、台湾統治という植民地領有行為そのものが批判の対象となって、国家の領有や放棄というレベルとは本来別次元であるべき湾生たちの「人間の歴史」までが忘却され、軽視されてきた面があっただろう。

記憶は環境によって育てられる面はある。台湾における日本時代への懐かしみは、国民党の苛烈な統治や弾圧が強化した部分があった。日本での湾生たちの台湾思慕も、敗戦によって焦土となった日本が台湾に比べてはるかに暮らしにくかったことや、日本で引揚者が受けた差別的視線なども関係しているだろう。戦前の台湾の経済水準は日本の地方都市を大きくしのぎ、給料面でも東京に遜色ない金額を得ることができたとされている。日本に戻った湾生たちが台湾での生活を懐かしんだことは疑いようがない。

だが、やはり重要な問題は、人間にとってのアイデンティティは、必ずしも教育やイデオロギーだけで決まるものではなく、個々人が抱いている実体験によってしか本当の意味で形成されないということである。

映画のなかの印象深いセリフに「(湾生たちが育った台湾東部の)花蓮のあの自然、景色をそのまま日本に持って帰りたい」という言葉があった。彼らにとって、そんな気持ちにさせられる景色は花蓮以外に存在しない。経済的豊かさがあろうがなかろうが、国籍が日本であろうが中華民国であろうが、それはひとりの人間にとって絶対的な体験なのだ。

映画で湾生たちは、口々に「私の故郷は台湾」と語っていた。戦後の日本でずっと他人に語れない「台湾に帰属する私」を抱え込んで生活してきた。その感覚を映画の主人公のひとりである老婦人は「自分がいつも(日本では)異邦人のような気持ちだった」と明かしている。「湾生回家」は、湾生たちの思いを、いまの台湾の人々に「懐日」というトレンドのなかでより深く理解させ、共感を得られたからこそ、大ヒットになったに違いない。戦後の台湾では、こうした日本人の生の声は、意外なほど語られてこなかった。

†旧日本軍人による戦後の軍事顧問団

日本と台湾は、一番近い八重山諸島の与那国島から台湾の東海岸まで、一〇〇キロメートルしか離れていない。日本は台湾を植民地として支配した。その間、台湾は日本であり、日台関係は存在しなかった。一九四五年の終戦時、台湾には五〇万人とされる日本人が暮らしていた。日台間の歴史的諸問題に関する優れた研究者である何義麟によれば、一九四六年三月までの第一期で二万四〇〇〇人が日本から台湾に帰り、同年一二月までの第二期で九六六三人が帰った。一方、日本での残留者が二万五〇〇〇人ほどいたことから計算すると、五万人以上の台湾人が戦前の日本で暮らしていた計算になる。

一九四九年に蔣介石率いる国民党が台湾に撤退したあとの一九五二年、日本は中国大陸の「中華人民共和国」とではなく、台湾の「中華民国」と日華平和条約を締結した。この時点で、日台関係はまだ表面に出ることはなく、日華関係が、日本と台湾との関係において、主役を担った。もともと中華民国は大陸にあったので、戦前の日中関係の延長線上にある日華関係という部分もあった。蔣介石やその周辺にいた日本留学組が、日本政界や軍部と水面下で結びついていたのも日華関係の裏面史の一幕である。そのなかで、岸信介を源流とする自民党清和会と台湾との親密な関係が育ち、蔣介石を助けるという理由で台湾に渡って大陸反攻作戦をサポートした旧日本軍人「白団」も生まれた。

私は蔣介石と旧日本軍人の関係に焦点を当てた『ラスト・バタリオン――蔣介石と日本軍人たち』(講談社)という本を二〇一四年に日本で上梓した。この本は、「白団」と呼ばれた約八〇人の旧日本陸軍の参謀たちを中心とした軍事顧問団が戦後、非合法の形で台湾に渡り、蔣介石の大陸反攻計画の立案、国軍再建のための軍事教育、日本の戦時を参考にした国民総動員体制の確立などに秘密裏に参画し、一九六九年までの二〇年にわたって活動した歴史をノンフィクションとして掘り下げたものだ。

　この白団の歴史は、かつて一部の当事者たちの回顧録的な書籍や文集は出されていたが、史料の裏付けや第三者による聞き取りなどの客観化作業を経た刊行物はきわめて少なかった。私は蔣介石日記、国防大学史料、国史館史料、当事者たちの未公開の日記やメモ、生存者へのインタビューなどの作業を重ね、蔣介石の内面、軍人たちの動機、時代背景、日本と中国の戦前の人的交流を分析しつつ、大陸放棄という窮地に追い込まれた蔣介石が、なぜ敵として戦った日本人をあえて頼ったのか、立体的に描き出そうと試みた。

　その取材のなかで気づいたのが、白団の人々の意識にあったのは「日本が大戦で敗れたとき、以徳報怨《いとくほうえん》をもって日本に接してくれた蔣介石の恩義に報いる」「国民党の大陸反攻を手助けし、共産党に一泡吹かせる」という動機であり、「台湾」に対する意識は、そこまで強いものではなかった。そもそも白団は結成の時点で大陸に渡っていくはずだったのだが、国民政府の台湾撤退によって行き先が台湾に変更されたのである。これらは「日台」よりも「日華」の要素を強く持つものだった。

　一方、日台関係は、戦前は植民地における「統治／被統治」の関係から始まり、終戦によって、戦勝国である中華民国の接収によって日華関係が上部構造になる形に変容した。朝鮮半島のように独立ではなかったところが台湾の事情を複雑化させた。朝鮮半島の人々は建国という「脱植民地」が可能だったが、台湾の人々は「光復」、つまり中国大陸に復帰するという「脱植民地」になった。ただ、その底流における人的交流は実は相当に深いところでつながりを保っており、台湾の人々は、半ば日本人としての教養、言語を有していたため、日本社会の深いところにスムーズに入っていくことを可能にした。

†日台と日華の二重構造

この日台と日華の二重構造は、一九七二年の日華断交までは、日華が圧倒的に優勢な形で進んだ。政治的に日台は非可視化され、人々の心のなかにとどめておくべきタブーのような存在でもあった。冷戦構造のなかで米国を主体とする自由陣営に中華民国が組み込まれたことで、同じ陣営に属する日本と中華民国の関係はさらに強化された。

ところが、一九七二年に日本が中華人民共和国と国交正常化を果たすと、日華と日台は別の様相を呈す。日本にとっては、日中関係が正式なものになり、日華関係は非公式化された。そのなかでは、台湾側にとっては「日華関係」だが、日本側には「日台関係」ということになる。それでは台湾側が中国大陸の正統政権であると主張していた一九八〇年代までは日華関係は存在していたが、大陸反攻を放棄した一九九〇年代以降は日華関係が表舞台から消えた形となり、台湾の当局者たちも普通に「日台関係」と呼ぶようになった。ただ、依然として台湾の国名は中華民国のままなので、日台・日華の二重構造は継続しているということになる。

私は、この二重構造こそが、戦後日本の台湾関係そのものではないかと考えている。日台と日華は決してゼロサムではなく、フィルムのポジとネガのような関係であり、一九七二年までは日華がポジで日台がネガ、一九七二年以降は日台がポジで、日華がネガ、といった具合である。ただ、今は「中華民国の台湾化」が進むなかで、日台と日華の境目がしだいに分かりにくくなっていくトレンドにあることも考えなくてはならない。

目線を徐々に現代に移すと、日台関係の大きなターニングポイントは、一八九五年の台湾割譲、一九四五年の終戦、一九五二年の日華友好平和条約締結、一九七二年の断交である。このときに形成された七二年体制とも呼ばれる日本と台湾のバランスが再び揺らいだのが、二〇〇一年の李登輝訪日だった。

台湾問題を記者として私が初めて取材したのが、この李登輝訪日問題だった。いま思えば、日本の戦後外交史上特筆すべき出来事だった。世論によって外交方針がひっくり返される、それまでの日本であまり前例のない問題であり、一九七二年の断交以来の台湾問題は、日本と中国が暗黙の了解のもとでコントロールするというゲームのルールが崩れた瞬間でもあった。

李登輝来日の舞台裏

朝日新聞東京本社の外報部記者で、記者としてはまだ駆け出しに近かった二〇〇一年、李登輝の日本での行程を追いかける仕事を命じられ、出発前日に台北へ飛び、李登輝のフライトに同乗した。李登輝は事前に日本政府と「日本では政治活動をしない」と約束していたので、記者が取材できる唯一のチャンスは、日本の入国管理を通る前、つまり、機内だということになっていた。当時、蔣介石の名である「中正」をとって中正国際空港と呼ばれた現在の台湾桃園国際空港から飛び立ったあとしばらくして、私たち日本と台湾のメディアの同行記者は、ファーストクラスにいた李登輝の席に呼ばれた。詳しい話は覚えていないが、このとき李登輝が呟いた一言は、いまでも鮮明に覚えている。

「やっとこさ、ビザが下りました」

台湾の日本語世代にもあまり知識がなかった私は、この一言にいささか打ちのめされたような感覚になった。「やっとこさ」という言葉を使える外国人の存在に驚くと同時に、李登輝への同情が湧いた。いま思えば、見事にその「日本人たらし」とも言える話術にはまったというべきだろう。これは李登輝を批判する意味で言っているのではない。相手に好感を持たせるのは、政治家にとっても最も重要なテクニックであるからだ。一般論として記者が取材相手に好感を持つことも必ずしも悪いことではない。冷静な判断さえ失わなければ、記者にも感情として好き嫌いを感じる自由がある。そこに筆の冴えが生まれることも多い。

李登輝のビザ発給について、日本世論は賛否が割れた。反対を唱えたのが河野洋平外相と外務省の槇田邦彦アジア局長（肩書は当時）。槇田は口ひげをたくわえ、官僚らしくない、豪放磊落な外交官として知られ、ビザ発給反対派の急先鋒だった。賛成したのは、森喜朗首相や官房副長官だった安倍晋三、外務副大臣の衛藤征士郎。官房長官の福田康夫や川島裕外務次官は中立的立場だった。この顔ぶれを見て分かるように、キーを握る政治家は、河野以外はすべて「清和会」の人間である。清和会は、蔣介石と親交を結んだ岸信介以来の親台湾の伝統を受け継ぐ派閥で、森政権の末期であると同時に、自民党の権力構造全体が、旧田中派の経世会から清和会へシフトする権力の転換期でもあった。日中関係の最大の後ろ盾だった経世会の全盛時ならビザ発給は実現しなかっただろう。

このなかで槇田は、経世会の政治家と親しい関係を築いてきた外交官だった。槇田は森や安倍に対し、ビザ発給は、台湾の言うような人道問題ではないと主張した。「李登輝という人を甘く見てはいけない。彼は台湾の独立という目的があってやっている」。こうした槇田の考え方に対し、世論は「総統を辞めた人が日本に病気治療に来たいと言っているのに、なぜそれを邪魔するんだ」という方向に傾き、森らも「これは人道問題だ」との立場を崩さなかった。

中立だった福田官房長官が最終的にビザ発給を決断したのは、朝日新聞の社説が決定打だったという。朝日新聞以外の主要紙は、すでに発給支持を表明していた。「親中」の代表格である朝日が、四月一二日の社説で「政治活動では困るが　李氏への査証」と題して「通常の入国管理の規準に照らして問題がないのであれば、ビザを発給するのが自然だと思う」と書いた。福田は「全紙が支持している。もう決断するしかない」と槇田に伝えたという。

李登輝の側近である彭栄次という台湾人企業家が、当時、キーパーソンだと見られた福田に対してかなり活発な説得工作を重ねた。福田はいまでは中国から最も信頼される政治家の一人だが、父親の元首相、福田赳夫は台湾と親しく、福田自身も若いころから台湾にはしばしば訪れ、台湾との縁は浅くなかった。彭栄次は後に馬英九政権で対日窓口機関「亜東関係協会」のトップに就任している。

この李登輝ビザ問題の重要性は、日本政治、世論、メディアを三〇年間近くにわたって縛り付けていた「七二年体制」にノーを突きつけた瞬間だったという点にある。

そのことが証明される瞬間が二〇一五年に訪れた。七月、李登輝は訪日し、衆議院第一議員会館で講演を行った。国会本体ではないが、国会に準じた象徴的な場所だ。二〇〇一年のとき、「病気以外の来日はあり得ない」と言っていた日本政治がここまで変わったのである。李登輝が仮病だったというつもりもなく、その証拠もない。しかし、病気さえも目的達成のために活用する政治技巧には舌を巻くほかない。その意味では、中国政府が日本を責めた「誤った判断」という言葉は中国の立場から見れば的外れではなく、槙田の反対も、結果論ではあるが、こうした「将来」を見越したものだったと言えるだろう。

九〇年代から日本でも李登輝に関する報道や書物はかなり出てはいたが、日本人全体に顔の見える形で登場したのは、この二〇〇一年のビザ問題がスタートだった。今日、李登輝は、海外の政治家としては、日本で最も尊敬され、最も本が売れ、最も講演に人が集まる人物となっている。それは、紛れもなく、李登輝が「七二年体制」に風穴を開けた結果である。

†日台両思いと中国

私が主に取材現場で日台関係を観察したのは、二〇〇〇〜〇八年までの民進党政権と、二〇〇八～一六年までの国民党政権である。この一六年間は、日本と台湾との関係が総じてスムーズに推移した時期だった。二〇〇八年、陳水扁政権は「日台関係が過去最良である」と述べていた。二〇一六年にも、馬英九政権は「日台関係が過去最良である」と述べている。どちらが良好かというと、その時点での国際情勢などにも左右されるので、何とも言えないところがあるが、私の感覚では、陳水扁時代の日台関係は、公的チャンネルでの交流や協定を進める際には中国の圧力も強く、難しい部分があったが、日台両当局の信頼関係はかなり深く結ばれており、高官同士の情報共有や面会も活発に行われていた印象がある。

日本の対台湾窓口機関である交流協会は、台湾の在外公館のなかでも抜群に深くて正確な政権内の情報を持っていたことが台北の外交界では話題になっていた。ある外国の公使から「交流協会の持っている情報を教えてくれないか」と私が頼まれたこともあった。民進党は日本に好意的で、日本も民進党に好意的であるという、暗黙の両思い状態にあった。

国民党の馬英九政権になると、日本政府と台湾側との意思疎通のパイプは弱くなった。ただ、ここで馬政権に追い風が吹く。馬政権が対中関係を改善した結果、逆に日本と台湾が気軽に付き合いやすくなったのである。それは、台湾に配慮して、中国が日台関係にあまり文句を言いづらくなり、尖閣諸島問題などを理由に日中関係が急速に悪化したという、二つの要因が関係していた。

日本と台湾が近しく接することを、中国は感情的にも理論的にも好ましく思わない。これは、中華人民共和国のDNAのようなものだ。しかしながら、中国は日台関係に絡んだ批判を控えるようになった。せっかく暖まってきた中台関係の勢いを弱めることになるからだ。日本と台湾が二〇一三年に日台漁業協定を結んだときも、中国は、はらわたが煮えくりかえるほど不満であっただろうが、名指しで台湾を責めることはしなかった。米国が台湾への武器供与を決めたときも、中国は、陳水扁時代であれば台湾を批判したはずだが、二〇〇八年以降の馬英九政権のときは米国だけを批判した。

加えて、日中関係の長期的な悪化も関係して、日本の政策決定レベルで「戦略的に台湾を活用したい」という思いが高まっている。外交的にあからさまなものではない形で、いろいろな手段で台湾に対する日本の「善意」を示すようになっている。

分かりやすい例は叙勲だ。海外の人物に対する叙勲は、基本的に現地の在外公館の推薦によって決まる。つまり、日本の対台湾窓口機関、交流協会の推薦によって、台湾の人々の叙勲がこのところ相次いで決まっている。

日本は一九七二年に中華民国と断交して以来、長く台湾の人に対して勲章を授与していなかった。一方、中国に対しては、叙勲は行われていた。国交の有無で差をつけていたのは明らかだった。変化が訪れたのが二〇〇五年の春。元台湾日本語教育委員会で、東呉大学客員教授の蔡茂豊に、日本語教育への長年の尽力を評価して「旭日中綬章」が贈られた。同じ年の秋には、台日経済貿易発展基金会の李上甲理事長に「旭日中綬章」が贈られる。

以後、授章対象は広がりを見せ、ランクも徐々に上がっていく。二〇一二年には、台湾きっての金融グループである中国商業信託銀行を率いた辜濂松と、エバーグリーングループの創業者である張栄発に、それぞれ「旭日重光章」が授与された。その後も年間に七、八人が受章する形が続く。その顔ぶれを詳しく見ると、なかなか興味深い。二〇一五年秋に「旭日重光章」を受けた彭栄次は、前述のように、李登輝訪日を裏で仕掛けた人物だ。同じく親日派の経済人として有名な奇美実業の許文龍も「旭日中綬章」を受けている。一方で、二〇一五年に「旭日重光章」を受けた江丙坤は、馬英九政権で対中国窓口として中台融和の最前線に立った人だ。李登輝時代の元駐日代表、許水徳は台湾人で過去最高ランクの「旭日大綬章」を受けた。

そうかと思えば、司馬遼太郎の『台湾紀行』や小林よしのりの『台湾論』で、老台北として登場した蔡焜燦も「旭日双光章」を二〇一四年に受章している。老台北には私も台湾にいるときに可愛がってもらい、何度も美味しい食事をごちそうになった。帰任のときも盛大な送別会を開いてもらった。

ここから浮かび上がるのは、台湾の国民党も民進党も、独立派も分け隔てなく、日本との交流や外交に貢献のあった人に叙勲という「プレゼント」を渡すことで、台湾全体との関係を強化しようという日本政府の戦略的な狙いである。日本は台湾に対して「外交」ができない。叙勲は「非外交」の部分での数少ない利用可能なツールだと言える。一方、中国人に対する叙勲の数やランクは、最近、台湾に比べてかなり見劣りするものになっている。

†民間交流から公式な外交への移行期

今後の民進党政権下での日台関係はどうなるだろうか。最初の一、二年、日本は慎重な対応を見せるかもしれない。このところ、日中関係は安定基調にあり、日本はそこまで中国を刺激する措置は取りたくない。ただ、基本的に、民進党政権と、自民党の安倍政権の相性は悪くない。それは、親日、親台だからというより、どちらも親米政権であるという要素が大きい。米国のアジアへのリバランス政策のなかで、台湾の戦略的重要性が増しており、その分、台湾を大事にしようという意思が日本の政策決定のなかで働きやすくなる。この状況のなかで、日台関係が悪い方向に向かうことは考えにくい。

日本と台湾の関係は、非公式なものだ。嚙み砕いてみると、日本は中国との国交正常化によって、中華人民共和国政府が中国の唯一の合法政府であることを承認し、台湾が中華人民共和国の領土の不可分の一部であるという中国政府の立場を、十分理解し、尊重し、ポツダム宣言第八項に基づく立場を堅持するとしている。同時に、日本と台湾との間では「非公式」、つまり民間レベルの経済・文化関係は維持している。この経済・文化という名前を使って、台湾の駐日機関は、台北駐日経済文化代表処という不思議な名称を用いている。台湾から派遣された「大使」である駐日代表がいて、台湾外交をいかに展開するか日々考えている。そのカウンターパートになるのは交流協会という民間団体だが、ここは外務省の外郭団体で、その幹部はたいてい外務省のOBだ。お互い、「民間」という手袋をはめて握手しているが、手袋の中は「官」であり、そのことは誰もが知っている。

このあいまいな「官民中間」の領域をいかに拡大していくか、それが、現在の日台関係における現実的目標であることには変わりない。かつては、台湾はできるだけ「中華民国」の存在をアピールできるよう努力してきたが、最近はできるだけ「台湾」を広げようとしており、そのなかで、「日華」ではない「日台」の部分が着実に活力を増してきている。「日本と台湾は非公式の接触に限る」といったルールの厳格な適用も見直されるべき時期に来ているだろう。指導者レベルの訪問までは行かなくても、閣僚レベルの往来は、ある程度緩めてもいいいと思う。それは日中関係、中台関係が過去に比べれば総じて安定化しており、なおかつ日台間の民間交流がかつてないほど活発化しているこの時代だからこそ、一歩前に進んでいいのではないだろうか。

第三章　台湾と中国

十年サイクルで攻守が入れ替わる中台

中国と台湾の関係は、一〇年サイクルで攻守が入れ替わる。一九八〇年代は鄧小平の改革開放政策が動き出した勢いをもって中国が台湾に近づこうとしたが、台湾の蔣経国は「三不政策（交渉せず、談判せず、妥協せず）」で慎重かつ受け身で対応した。一九九〇年代に入ると、民主化によって台湾の国際イメージが大幅に向上し、李登輝の「積極外交」もあって、総じて台湾が押し気味だった。中国は天安門事件の影も引きずり、一九九六年の台湾総統選でのミサイル演習などで悪名を轟かせるなど、後手に回ることが多かった。

二〇〇〇年以降は状況が大きく転換した。中国の台頭によって台湾が経済的に中国に引き寄せられ、中国に主導権が移ったのである。台湾の有力者が中国を訪問することで台湾での権威が上がるようになった。経済、軍事、国際的影響力など、あらゆる面で、従来はそれなりに拮抗していた中台間のバランスが中国側に傾いた時期である。台湾では二〇〇五年ごろから民進党の勢いが弱まり、中国とうまく付き合える国民党が元気になった。

二〇一〇年以降の台湾は、台湾アイデンティティの強化が台湾政治の決定的要因になりつつあり、二〇一四年のひまわり運動によって、中国は防戦に回るようになった。表面的に中国は「台湾はいつか自分たちを必要とすることに気づくはずだ」と余裕を見せているが、内心、焦りを募らせている。ひまわり運動の成功と二〇一六年台湾総統選・立法委員選での国民党大敗は、否応なく中国に従来の台湾政策の見直しを必要とするだろう。

†台湾問題は中国の核心的利益

さて、「台湾と中国」は、いったいどういう関係なのだろうか。親子? 兄弟? 他人? そもそも、巨大な中国と小さな台湾が、どうして「並立」で論じられるのか。人口は、中国一三億人対台湾二三〇〇万人。規模と国力からいえば、完全に非対称な関係だ。

しかしながら、中台関係は、非常に重要であるというコンセンサスが世界に共有されており、だからこそ、我々もしっかりとその動向をウォッチしている。

どうしても日々のニュースを追うなかで忘れてしまいがちなのは、なぜ中国は台湾を自らの領土だと考えるのか、なぜ中国は台湾にここまで固執するのか、という根源的な問いだ。中国という国家の根っこにつながる深いところに「台湾問題」が固く組み込まれている、というのが、その問いに対する一つの回答であろう。

最近の中国は「核心的利益」という言葉を使う。チベット問題やウイグル問題に並び、台湾問題も中国にとっては「核心的利益」に属する。つまり、中国の国家戦略において、台湾問題は特別な地位を占めていると言うことができる。

台湾の「特別さ」を理解するには、中国の台湾問題への取り組みを知るのが手っ取り早い。中国には省、市、県あたりまで、必ずといっていいほど「台湾事務弁公室」という機関がある。台湾に関する問題全般を取り扱う部署だが、台湾から遠く離れた四川省やチベットなどにもある。その頂点は国務院台湾事務弁公室。そのトップである主任は閣僚級の重みを持つ重要ポストだ。また、多くの一流大学にはたいてい台湾研究所や台湾研究センターが設けられている。人民解放軍など軍系統にも同様の組織がある。

こうした台湾問題に関する膨大な行政や学界のネットワークを統括するのが、「中国共産党中央対台工作領導小組」である。軍事色の強い組織として発足した一九五〇年代当時は軍主導の組織だった。鄧小平が台湾の平和的統一を掲げてからは軍主導が薄まるなど性格が変わり、江沢民以後は歴代の総書記がトップを務める。現在は習近平がその任にある。小組の弁公室は国務院台湾事務弁公室と同一であるが、台湾問題でこうした小組があること自体、中国における台湾の重要性を指し示す。中国はまさに「国を挙げて台湾問題に取り組んでいる」という態勢を早くから作り上げている。

中国の近代は列強の侵略に悩まされた。民族の屈辱を晴らすために革命によって清朝を打倒し、新しい中国を作り上げるというイデオロギーのもとに、国民党も共産党も誕生した。屈辱の象徴的な起点は、一八九五年の日清戦争での敗北と台湾の割譲だ。清朝の台湾割譲は国際法上合法性の高いものだが、彼らの今日の歴史観では、日本による侵略的行為の結果、不当に奪われたものとされている。

香港やマカオが英国やポルトガルから返還されるとき、中国人は「回収（取り戻す）」と言って喜んだが、他人に奪われていた体の一部を取り戻すような感覚である。「取り戻す」という行為の大本命が台湾。香港、マカオ、そして台湾という失地回復のストーリーが中国の国家創生物語の一節に書き込まれている。

日本人は中国が領土拡張の野心を持っていると警戒しがちだが、中国は建前でも本音でも、「新たな領土」への野心はそれほど強くない。それは、ロシアや中央アジアとの間で進めた国境画定交渉における比較的冷静かつ実務的な対応にも現れている。彼らが固執するのは「取り戻す」ことであって「広げる」ことではない。中国にとっては台湾も尖閣諸島も「取り戻す」という論理で重要になっているのである。

†「台湾は固有の領土」という新しい考え

台湾を中国の「固有の領土」とする考えが元来、中国社会に共有されていたわけではない。蔣介石が、日本の台湾総督府が一九三五年に開いた「始政四十周年記念台湾博覧会」に福建省主席の陳儀を派遣して祝辞を述べさせているのは、統治を是認したに等しい行為だった。毛沢東も一九三六年に、米国人ジャーナリストのエドガー・スノーに対し、「朝鮮の独立に支援を与える意思があり、台湾も同じだ」という趣旨の発言を行っている。台湾の独立を応援する、というのは興味深いスタンスである。日中戦争期間中も、蔣介石や毛沢東は台湾の日本からの分離は支持したが、中国との統一には触れていなかった。

それが、一九四三年のカイロ会談で台湾の中国への返還が「国際公約」になったあたりから「固有の領土」の理論が定着するようになり、今日に至って、台湾の回復が「民族の歴史的使命である」というレベルまで祭り上げられたと言えるだろう。

問題は、この中国人の情念を台湾人が必ずしも共有していないところにある。もともと台湾で多数を占めるのは福建、広東からの移民であり、漢民族文化のもとに育まれた社会だった。言葉は中国語方言を話し、食べるものも中華料理で、お祭りや冠婚葬祭も儒教式である。一方、清朝による台湾統治が始まったのは一八世紀からに過ぎず、清朝末期から五〇年間は日本の統治下に置かれた。国民党は台湾を接収した一九四五年まで一度も統治したことはなく、共産党に至っては台湾に足を踏み入れたことすらない。そんな人々の抱える情念にシンパシーを感じろと言う方が無理な相談だろう。同時に世界はこうした台湾人の内面には冷淡で無関心だ。どうしても中台分断、米中確執、東アジアの火薬庫、シーレーンの要衝といった大きな枠組みに台湾をあてはめようという引力が働く。

二〇一五年一一月、シンガポールで電撃的な中台トップ会談が開催された。中国の習近平国家主席と台湾の馬英九総統が会談を行ったシーンは世界的なニュースとして、日本のみならず、欧米などの新聞各紙でもトップを飾った。私もたくさんの記事を書いた。しかし、ふと考えてみると、どうしてこれが世界的ニュースになるのか、記事を書いていて、いま一つ摑みかねるところがあった。この両者の会談によって中国による台湾の統一が格別前進するとは思えない。独立に動くとも思えない。二人が協議した結果も拘束力のある文書にはならない。定例化というわけでもない。つまり、サブ（中身）がないのである。

ニュースの価値を言い表す枕詞として「中台分断後六六年で初めて」という説明が付け

られた。その前提は、中台は分断されており、その時間は一九四九年の蔣介石の台湾撤退から六六年間に及ぶということだ。逆説的にいえば、中台が分断している、という認識があってこそのニュースであり、分断していなければベタ扱いでもおかしくない。

日本が戦争に敗れ、ポツダム宣言の受諾によって台湾を放棄した。それから台湾は中華民国の施政下に置かれた。「中国」の一部に戻ったわけだが、中華民国を率いていた国民党が、共産党との内戦に敗北し、台湾に逃げてきて、今度は台湾を拠点に戦うようになった。ここで大陸の国共内戦の枠組みに台湾が組み込まれることになった。台湾の共産化を恐れた米国は朝鮮戦争勃発後に台湾海峡を封鎖し、共産党が台湾に攻め込めないようにした。そのため、今日まで続く中台の「分断」が固定化した。しかし、その間も両者のにらみ合いは続いており、今日でも「平和協定」のようなものは結ばれておらず、いまなお「一時停戦中の内戦状態」にあると言っても間違いではない。

中国と台湾のトップが会うことは、この国共内戦の延長線上における分断という歴史を知っておかないと、ニュースの意味すら分からなくなる。戦争をやっている当事者同士のトップが会うというところに意味があったわけで、そうでもなければ、人口一三億人の世界の大国である中国と、人口が二三〇〇万人で国連加盟もしていない台湾がトップ会談を行うことは世界的ニュースにならない。中台関係がこれほど注目されるのは、中国が台湾を「何があっても諦めない」と明言しているからだ。この中国の台湾への強烈なこだわりこそが、台湾問題を世界的イシューにしている。もし中国が「台湾などどうでもいい」と言い出せば、台湾の重要性は低下するが、中国は決してそうはしない。

加えて、台湾政治や中台関係の研究者である小笠原欣幸が指摘するように、台湾問題を中国は国内問題としているが、実際には東アジア国際政治の焦点であるので、「中国の対台湾政策はその国家戦略の内側の論理が現れやすく、同時に中国の対外政策の方向性が投影されるという特色がある」(小笠原)。だから、中台関係のウォッチは中国外交のウォッチに通じるところにその大切さが隠されていると言うことができる。

†中国人とは「話しても分かり合えない」台湾問題

中国の人たちとは、考え方は違っても大抵のことは「話せば分かる」という感覚が私にはある。中国政府の言論抑圧も内心は良くないと思っている中国人が多い。環境問題も官僚腐敗も物価高騰も日本人と考えることは変わらない。しかし、台湾問題だけはなかなか中国人との間に一致点が見いだせない。いくら話しても分かり合えないのである。

中国の人は、台湾はどう転んでも中国のものであって、台湾の人々が「台湾は台湾」と考えていることを一顧だにしないところがある。もちろん個人差はあるし、中国人が台湾人を見下しているわけでない。むしろ台湾が経済的に大陸より先に発展したことに敬意の念を抱き、台湾のことを「宝島」といって憧れてもいる。それでも「本家は我々で、独立なんて馬鹿なことは言うべきではない」という発想は、中国人の脳内に根を張っている。

台湾にもいろいろな立場の人がいるが、こういう中国の上から目線の台湾観だけは我慢がならない、という人も多いだろう。日本人でも違和感を覚える。私は、せっかくの人間関係を壊したくもないし、よほどのことがない限り、できるだけ中国の人とは台湾問題を議論しないことにしている。チベット、ウイグル、台湾は中国のもの。それは議論の余地がない。そのことに、中国の人たちは、日本人が北方領土や尖閣諸島が自分の領土であると考えている以上のこだわりを持っているように思える。その理由は前述のように「失地」回復の概念に大きく関係があり、教育や宣伝によって徹底されている。

†一国二制度は台湾に適用されうるか?

中国にとって中台関係は「未だ統一されていない状態にある台湾は中国の内政問題である」と定義されている。その大前提は「中国は台湾も含めて一つである」という「一つの中国」論だ。しかし、現実に台湾は中国の支配下にはない。その解決策として中国は「平和的統一・一国二制度」を提案している。

「平和的」という言葉を使う理由は、武力行使の裏返しである。一九七〇年代まで中国は台湾を「武力解放」すると主張していた。毛沢東的台湾統一論である。中国は、台湾が本来なら一九五〇年代に「解放」されるべきだったのが、米国の介入に邪魔をされたので台湾問題が長期化したと米国を批判している。それはある意味で正しい認識で、蔣介石は米国を引き込んで共産党への盾にした。国民党と共産党の争いに米中関係が絡むので、台湾問題は常にセンシティブな問題になる。かつては、ソ連の弟の中国対米国の弟の台湾、という構図の時代もあったが、中ソがけんかを始めた一九六〇年代以降、ソ連は中台関係のプレーヤーではなくなった。

中国はさすが人治の国で、人が変われば新しい方針が出てくる。毛沢東的台湾統一論は鄧小平時代になって過去のものになり、新たに「平和的統一・一国二制度」が登場した。一国二制度を受け入れれば武力統一はしないという、中国からすれば大きな歩み寄りだった。台湾は現行制度のまま、独自の憲法を持ち、統治行為を行うこともできるとして、台湾に対話を求めた。しかし、台湾の蔣経国総統は「三不政策」を掲げて拒む。「三不」とは三つのノーという意味で、「交渉せず、談判せず、妥協せず」という考え方だった。

この一国二制度は、香港、マカオに適用されたことで有名になったが、もともとは台湾向けに中国が編み出した方法である。中国の定義では、中央政府が地方政府に特別な待遇を与えるもので、「一国二制度」はある意味で「一国多制度」でもある。中国内にもチベットやウイグル、モンゴルなどいわゆる「自治区」がある。実際にどこまで自治なのか、という問題はあるが、制度上、他の省と違いがあることは事実だ。また、中国では改革開放政策を始めたときに「経済特区」という制度を設けて、深圳《しんせん》やアモイなど沿岸地域で自由経済制度を先行して導入させた。

中国は地方自治問題には歴史的に「鷹揚」に対応してきた基礎があり、一つの国に制度がいくつあっても別に気にはしない。なにしろ、広大な国土、巨大な人口、そのなかの圧倒的な多様性を抱えた国なので、やむを得ないという感覚が中国人にはある。

中央集権的な体制か、地方自治的な体制かをめぐり、中国は悩み続けてきた。もともとは中央集権的でも、地方のボスたちが力をつけて王朝が衰えてしまったケースは周、唐などいくらでもある。一方、群雄割拠状態から、統一を成し遂げて中央集権的国家を打ち立てた秦や宋という王朝もあった。現在の中華人民共和国は中央集権を志向する国家だが、地方の独自性を自在に認める部分があり、そこが一国二制度の本質だと言っていいだろう。

この一国二制度について、中国は「完全な主権は中央政府にあるが、台湾（香港、マカオ）に高度な自治を与える」と説明している。主権は一歩たりとも譲らないが、ある程度、好きにやって下さい、ということだ。しかし、その内実は地域ごとに違っている。「高度」とは、チベットなどの自治と比べてより一層の自治を与える、という意味があるようだ。実際、香港では、トップである行政長官やあるいは議員の選出に、直接・間接選挙が用いられる。台湾ではこの高度がもっと高度になるという示唆も、過去には中国から行われたことがあった。しかし、その姿は一度も明示されたことはなく、香港以上の自治をもし台湾に与えるとすれば、それは、ほとんど連邦制のような姿になる以外にないだろう。

これは、武力解放が実現困難になってきた状況を反映したものでもある。中国の政治、経済は、完全に世界にリンクされた。台湾を武力解放しようとすれば、それを内戦と呼ぶのかどうかは別に、戦争状態となって米国の介入も起きるだろう。台湾問題が少々揺れたからといって、そんな無茶をやるほど中国も馬鹿ではない。この時点で、武力解放は事実上「使われないジョーカー」になったに等しい。中国は統一の日が来るまで、「使わない」とは口が裂けても言わないし、決して武力行使を放棄したわけでもない。「最後の一分前まで平和の希望は捨てない」としているが、この最後とは何かというと、台湾が独立することによって、「一つの中国」を放棄する、という瞬間である。つまり、独立さえしなければ、たいていのことには目をつぶろう、というスタンスでもある。

鄧小平を引き継いだ江沢民、胡錦濤、そして、習近平まで、この平和的統一路線は引き継がれてきた。中台関係は、改革開放政策と同様、「鄧小平路線」を歩んでいる。しかし、時代を経るごとに、それぞれニュアンスが少しずつ変化してきた。少なくとも鄧小平、江沢民の時代は、統一事業はできるだけ早く実現するものだという意識があった。

江沢民はタイムテーブルを設定して台湾との対話を求めた。一九九〇年代前半には「二〇一〇年」という期限が香港情報などを通して盛んに流された。台湾の民主化が進んだ九〇年代後半には、さすがに二〇一〇年は無理だろうとなったのか、「二一世紀半ば」や「中華人民共和国建国一〇〇周年（二〇四九年）」という言い方で統一の目標が語られるようになった。実現したいとする時間はともかく、まだ「統一というゴール」を見ながら台湾問題を考えていた時代であった。

胡錦濤時代になると、統一はゴールを特にイメージしない「長期的課題」という雰囲気を強める。タイムテーブルもなくなった。タイムテーブルがないと、中国の時間的感覚では、一〇〇年ぐらい先を見ている感じになる。簡単には統一はできないことを現実的な情勢判断として中国の指導部が受け入れたためで、台湾では人気のない「一国二制度」を滅多に中国側は言及しなくなった。

一方で、手をこまねいているわけではなく、胡錦濤は非常に重要な決定を下した。それが国民党と共産党が手を握る「国共合作」への決断だった。「国共合作」というと、時代がかったイメージを持つかもしれない。両者はその生い立ちから兄弟的な政党であり、宿敵でもあった。お互いの殲滅を目指していたが、日本という共通の敵がいたため、戦前は手を握ったのが「国共合作」だった。現在の「国共合作」は、いささか様相が違う。今度の敵は、日本ではなく、台湾の民進党や独立を志向する勢力だった。

二〇〇五年、当時野党だった国民党の連戦主席が中国を訪問した。歴史的訪問と報じられたが、確かにそれだけの意義があった。国共両党は交流のプラットフォーム（国共平台）を定めて交流を進め、台湾産品の関税引き下げや中台チャーター便定期化などの、台湾にとって有利な政策をこの国共平台を通して実現していく。「国民党でなければ、中国は相手をしない」という路線が敷かれ、結果的に、二〇〇八年総統選の圧倒的大勝につながった。この「国共合作」は、公平に見て、きわめて有効な政策であったと言うことができる。

有効だった胡錦濤の「国共合作」

この「国共合作」が有利に展開する二つの要因があった。一つは、台湾経済の中国への加速度的な依存だ。陳水扁政権は「反中」「独立志向」だったので中国との関係を悪化させた、と言われているが、実際のところ、その在任期間中に中台経済の構造は大きく変貌した。中国経済と台湾経済の融合が進んだのだ。

陳政権初年の二〇〇〇年ごろ輸出の対中依存度は二〇％台前半だったのが、政権末期の二〇〇八年には四〇％近くになった。この依存度は馬政権になってからでも総じて横ばいであり、経済依存が馬政権で急激に進んだというのは正確ではない。なぜ、政治的に対立するなかでも中台経済が近づいたのかといえば、それが「以商囲政（経済によって政治を包囲する）」という中国の戦略だったからだ。陳水扁も、中国進出を熱望する経済界の願いを抑えることはできなかった。就任当初は「新中間路線」を掲げて、独立から一歩距離を置いた時期もあった。それがうまくいかないと二〇〇二年に「一辺一国（両岸にそれぞれの国）」を発表するが、それまでは、決して独立派に分類されるような言動を取っていたわけではない。

馬英九政権になって目に見える形で急激に伸びたのは、中国人観光客と、中台往来の常態化だった。台湾を訪れた中国人観光客は二〇〇八年には二四万人に過ぎなかったのが、二〇一四年には三〇〇万人となり、もともとトップだった日本人旅行者を大きく引き離した。中台直行便もそれまではチャーター便しかなかったが、雨後の筍のように次々と定期便が設けられて台北、高雄などと中国各都市が結ばれ、いまでは旅客便が毎週六七〇便、中台を往来している。航空路線的に見れば、台湾の中国国内線化が進んだとも言える。

国共合作を成功させたもう一つの要因は、陳水扁政権の腐敗と失政による不人気である。

台湾政治や中台関係に詳しい政治学者の松田康博が「台湾の有権者が、陳水扁的ではない指導者を求めたのである。いわば、馬政権とは陳水扁路線の失敗と中国の台頭が生み出した政権である」と指摘している通りである。民進党支持者には陳水扁政権が「失敗だった」と言い切られてしまうことに違和感はあるだろうが、結果として見れば台湾の有権者は「失敗」という認定をした。日本の民主党が政権担当時、内容的には見るべき政策をいくつも掲げながら、結果的に国民には「失敗」と認定されたことと似ている。問題は、国民がどう受け止めるかで、それが民主主義社会のいいところでもあり、恐ろしいところでもある。二〇〇八年は台湾の有権者が陳水扁政権にだめ出しを行い、二〇一六年には馬英九政権にだめ出しを行ったのである。

中国への経済的依存と、民進党の不人気。その結果、国民党は、歴史的な圧勝を果たす。総統選の前に行われた立法委員選挙では、国民党は議席の四分の三近くを獲得し、総統選で馬英九が五八％の投票を獲得した。李登輝総統が一九九六年の第一回直接選挙で当選したときを上回る得票だった。だれもが、馬英九時代の到来を実感し、その強大な支持をバックに、中国との交流に乗り出した。

ちょうどそんな時代に、胡錦濤の台湾政策は非常にマッチしていた。胡錦濤は戦後育ちで、台湾解放への教条的なこだわりは、前の世代の指導者たちに比べて、はるかに弱いように見えた。胡錦濤の台湾政策は、中国の経済成長をバックに、台湾の経済界を取り込み、台湾の人々に対中交流の有益さを知らしめ、中台の統一こそ、台湾にとって最もメリットのある未来であると、受け止めさせることだった。胡錦濤は強面ではなく、微笑みを台湾に向けた最初の中国指導者である。もちろん胡錦濤は堅物だから笑顔のイメージはないが、台湾には相当、柔軟に対応した。

†胡錦濤が打ち出した「胡六点」

胡錦濤の台湾政策でいちばん重要なのは、二〇〇八年一二月三一日に発表された「胡六点」である。重要談話と位置づけられ、間違いなく、練りに練ったうえに書かれたものだった。過去にも鄧小平時代には「台湾同胞に告ぐ書」が出され、江沢民時代には「江八点」と呼ばれる台湾政策も打ち出されている。

胡六点の台湾政策のポイントは「一つの中国」という原則を守りながらも、台湾の国際組織への参加に柔軟な姿勢をにおわせ、政治的な対話にも踏み込んで「敵対状態を終結させ、平和的合意を達成する」と述べたところにあった。外交について胡錦濤は、「平和的台頭」を掲げて、強硬路線をあまり取ることはなく、対米関係も総じて順調にマネージしていた。ちょうど米国はイラク戦争の泥沼に足を取られ、中東を抑え込むことに手一杯で、アジアではトラブルを起こさないことを最優先に置いていた。陳水扁の「トラブルメーカー」ぶりを米国に印象づける作戦は見事に当たり、米中共同管理と言えるほど、美国（アメリカ）を通じた台湾コントロール政策が成功していた。かつて台湾統一を米国のために阻止された中国としては、隔世の感のある変化であり、自らの手を汚さずに台湾問題に対応できる、中国にとってベストな方法だったと言えるだろう。

中国は伝統的に「夷を以て夷を制す」ことを最上の戦略だと考えてきた国であり、日米関係についても、「ビンのフタ論」で常に米国に日本を抑え込ませることを好んだ。その古典的な方法を台湾にも用いたと見ることができる。

その手法が最も巧みに発揮されたのが二〇〇八年の台湾総統選だった。「台湾名義での国連加盟」の是非を問う公民投票に総統の陳水扁は突っ走った。劣勢な民進党の選挙情勢を一気に挽回する「奥の手」であったが、中国側は強く反発し、米国もその中国の懸念に同調して、中国に代わる火消し役を自ら買って出たのである。二〇〇七年九月のAPEC首脳会議でブッシュ・胡錦濤会談があり、ブッシュ大統領は台湾の公民投票に反対を表明し、「よき影響力を行使していく」とまで語った。その後、米国は政府レベルの高官が相次いで懸念を表明し、同年一二月にライス国務長官の「国連加盟公民投票は挑発的政策である」という「警告」がとどめを刺した。

台湾においてはどの政党かを問わず、中国から批判されれば選挙的には得点になるが、米国から批判された場合は減点になる。しかも、中国と米国とが手を組んだ印象を与えたのは、致命的であった。国民党の馬英九が「自分たちは陳水扁のような国際社会のトラブルメーカーにならない」と繰り返しアピールしたことが、米中両大国によって半ば事実のものとして裏付けられてしまったからだ。

†ワードポリティクス

この中台関係は、私たち記者にとって、非常に書きにくいテーマだと言われている。なぜなら、中台関係の本質は「ワードポリティクス」にあり、複雑怪奇で理解困難な用語が次々と現れることに悩まされるからだ。

そもそも中台関係という日本語は、台湾でも中国でも通じない。彼らは基本的に「両岸関係」という言葉を使う。台湾海峡を挟んだ両岸という意味だ。台湾では中国のことを「大陸」と呼んだり、「対岸」と呼んだりする。台湾の行政機構には「大陸委員会」という組織があり、中国問題を担当する。なぜ中国委員会と言わないのかといえば、台湾自身も自分たちのことを「中国」であると主張しているからだ。これは、台湾の国名が「中華民国」であり、略すれば中国となるからで、一方の「中華人民共和国」も略して中国だから、中台関係は、いわば「中国の本家争い」と考えれば分かり易い。「両岸」がともに「中国」でありながら、それぞれ別々の政権が存在している。この問題をどのように解決するのかをめぐって、中国と台湾との間で、武力衝突の可能性が弱まって以来、激しい「言葉の戦争」が行われてきた。

中台関係の複雑さが用語の難しさを生むことは間違いないが、私としては加えて中国語圏特有の現象の部分もあると考えている。中国も台湾も漢字の国であり、その漢字表現に賭ける執念は想像を絶するものがある。日本語には言霊という概念があるが、中国語には、日本語以上に言葉のパワーを信仰する感覚があると思う。中華民族は、言葉が歴史を超えて生きていくことを信仰する人々だ。短い漢字の数文字に、本人の思いを注入し、言葉を生み出し、裏に隠したメッセージを潜ませることも得意である。だからこそ、中台関係の概念、言葉の戦争はいっそう重要になるのではないだろうか。

もともと、この「言葉の戦争」を最初に仕掛けたのは中国だった。国際社会に対して、「一つの中国」の遵守を国際社会に求めたのである。「一つの中国」の由来については、中国や台湾の現代史を研究する政治学者の福田円が著書『中国外交と台湾――「一つの中国」原則の起源』で精緻に論じているが、ここで簡単に言うと、中華人民共和国が自らを正統政府とし、台湾にある中華民国を排除するために、編み出したものである。本来、台湾を内政問題とする中国が世界に何かを求めるのは、内政干渉を招きかねないことで一種の自己矛盾なのだが、台湾問題の起源が、朝鮮戦争をきっかけとする米国の介入にあるという中国の論理では整合性がある。当初は、台湾もその中国の言葉の戦いを受けて立った。一九七一年に国連加盟問題で中国が加盟を果たそうというとき、蔣介石総統は「漢賊不両立(漢=国民党と賊=共産党は並び立たず)」と言って自ら国連を脱退した。

中国は、各国と国交を結ぶときにも「一つの中国を受け入れ、そのうえで一つの中国とは中華人民共和国である」ことを承認せよと要求した。しかし、それぞれの国が、台湾との古くからの関係も考慮して抵抗し、妥協案を探ったことは、外交文書から明らかになっている。例えば、アメリカは「留意する」、日本は「理解し、尊重する」というように。日米のように留保をつけず、丸呑みにしている国もあるが、それぞれギブ・アンド・テイクの部分もあるだろうし、国力の相対的な違いもある。そんな外交における「台湾を捨て、中国を選ぶ」という踏み絵が続けられてきた。

変化は一九九〇年代に訪れる。台湾のほうが、事実上、中国と本家を競い合うことをやめたのだ。その音頭を取ったのが、李登輝総統で、要するに、台湾は台湾で生きていく、という道への路線転換だった。一九九九年には、李登輝が打ち出した「二国論」が話題を呼んだ。「中国と台湾は特殊な国と国との関係」であり、中央政府と地方政府という関係ではない、という考え方だ。特殊な国と国の関係という定義をひねり出すときに李登輝の下で理論的枠組みを作るチームの主要メンバーだったのが、総統に当選した蔡英文だった。二国論は本来、台湾独立と見られることを回避しつつ、「一つの中国」という前提に対して、台湾側から初めて、中国と台湾を区別するよう主張するものだった。中国は猛烈に反発した。もともと中国は、李登輝に対し「隠れ独立派」という疑心を持っていたが、二国論で、李登輝への疑念は確信に変わったと言われている。

続いて二〇〇〇年に総統に就任した陳水扁は、「一辺一国」という発言を行って世界を騒がせる。「一辺一国」について陳水扁はこう述べている。

「台湾はわれわれの国家であり、われわれの国家は欺かれたり、矮小化・辺境化・地方化されたりしてはならない。台湾は他人の一部分ではなく、他人の地方政府でもなければ、他人の一省でもない。台湾を第二の香港・マカオ（澳門）にしてはならない。なぜならば台湾は一つの独立主権国家である。簡単に言えば台湾と対岸の中国は一辺一国と明確に分かれている」

李登輝の二国論との違いは、特殊かどうかを取り払ったところにあるが、どちらも共通するのは、「一つの中国」へのチャレンジだった。中国に向かって、「台湾には、一つの国家が存在しており、それは大陸にある国家とは違います」と主張しているわけである。

中国側が台湾に対して求めている「一国二制度」というものがあることはすでに述べた。中国語では「一国両制」という。「一国二制度」とやや似た概念としては「一国両府」もある。これは一つの国のもとで、二つの政治実体がある「一つの国家、二つの政府」を意味し、同じ中国という国の首府（首都）に、北京と台北の二つが存在することを指し示すが、中国は認めていない。中台どちらの憲法でも「一つの中国」を認めていることを指す「憲法一中」なども似た概念として持ち上がることもある。

中台関係では、政権が変わるたびに、新しい概念が登場し、中台関係に小波や大波が起きる。だから、言葉の違いに過ぎないと馬鹿にはできない。言葉という「ミサイル」を撃ち合っているのが、現在の中台関係なのである。

二〇〇八年からの馬英九政権も多くの「新語」を携えて登場したので、覚えるのに一苦労した。代表格は「不統不独不武」である。これは「統一せず、独立せず、武力行使せず」というもので、「三不政策」あるいは「三つのノー」とも言う。「三不政策」といえば、蔣経国時代の「交渉せず、談判せず、妥協せず」を思い起こさせるので、馬政権のものは「新三不政策」とも呼ばれる。米クリントン政権が一九九八年に、中国に約束した「三つのノー」もある。これは「台湾独立を認めない」「台湾政府を承認しない」「台湾の国際機関への加盟を支援しない」であり、同じ年に江沢民が訪日で小渕首相に表明させようとして説得を試みたが、小渕首相が首肯せず成功しなかったものである。

馬英九の「三不政策」の「統一せず」は国内向けに語ったもの、「独立せず」は中国を安心させるもの、「武力行使せず」は世界に向けてたコミットメント（約束）だと言える。馬英九の「三つのノー」は、事実上、台湾における主流的世論である「統一を望まず（不願統）」「独立には踏み切れず（不敢独）」「武力行使する能力はない（不能武）」を、平たく言い換えたものだ。一方、台湾における外省人系統一派の代表格である郝柏村・元行政院長が「棄独（独立は捨てる）、不武（武力行使はしない）、緩統（統一は先送り）」と言い換えたことがあるが、この「棄独不武緩統」のニュアンスは、中国にとって歓迎しうる現状認識であっても、台湾社会の多数支持を得られるものではない。

馬英九の次の政策が「外交休兵」だった。前政権の陳水扁時代、中国と対立した結果、台湾が外交を持つ国は二九か国から二三か国に減った。またかつて中国と対抗して、台湾も対外援助の金額を競い合ってきたが、もはや台湾にはその気力も財力もない。台湾では今後、こうしたある意味で不毛な外交関係の奪い合いはやめると宣言したのが「外交休兵」だった。中国も前向きに応じ、二〇〇八年に二三か国だった台湾の国交保有国は、二〇一五年には二二か国とほとんど変わっていない。減った一か国のアフリカの小国・ガンビアも、台湾の援助に不満を表明して断交したが、中国はガンビアとはあえて外交関係を結ばなかった。中国もまた、馬英九の「外交休兵」に乗っかったのである（蔡英文当選後に中国はガンビアと外交関係を結んだ。民進党へのけん制だと目されている）。

「外交休兵」は、少なくとも互いに相手を否定しない状況を作り出すことに成功した、と言えるだろう。馬政権はシンガポールやニュージーランドとＦＴＡを結んだが、これも陳政権時代には考えられなかった。

とりわけ馬政権で重要なキーワードになったのが「一九九二年コンセンサス（九二共識）」だった。この九二年コンセンサスの解釈こそ、まさに台湾問題的なターミノロジー（専門用語）の難しさを体現したものだ。

九二年コンセンサスがどう重要なのかを説明するだけで一苦労である。一九九二年の中台対話のときに、中台の間で、「一つの中国」をめぐってやり取りがあり、「一つの中国は共通の立場だが、その内容はそれぞれ解釈が異なっていることを認める」ということで一致したと言われている。そして、この九二年コンセンサスは、二〇一五年一一月七日の歴史的な中台トップ会談で習近平と馬英九との間で重要性が再確認された。中国は二〇一六年に誕生する蔡英文・民進党政権に対しても、「一九九二年コンセンサスを守れないと良好な中台関係は続かない」と警告するほど、重要なキーワードになった。

九二年コンセンサスはほとんど忘れ去られていた古証文であり、馬政権がこれを持ち出してきたのは、馬英九に蘇起というブレーンの知恵者がいたからだと言われている。蘇起は学者出身の政治家で、馬政権一期目には、国家安全会議の秘書長に就任し、中台関係をコントロールした。九二年コンセンサスが、ここまで中台関係のキーワードになることは、私もまったく想像できなかった。日本に向けて記事を書くとき、説明が面倒なので省いてしまったぐらいだ。中台関係のワードポリティクスは、なにかと説明が必要な用語が多いのが記者泣かせである。せいぜい一〇〇〇文字以内しかない新聞原稿のなかで、「九二年コンセンサス」を説明していると、あっという間に原稿が終わってしまう。

†総統選でも、言葉でつまずく候補者

ターミノロジーの問題は、今回の総統選挙でも噴き出した。それが、一時期、国民党の総統候補であった洪秀柱・立法副院長の中台関係をめぐる発言だった。

朱立倫・国民党主席や、王金平・立法院長、呉敦義・副総統たちがいろいろな計算、思惑から出馬するか迷っているときに、洪秀柱が真っ先に手を挙げて、あれよあれよという間に、総統候補にのぼりつめてしまった。最初は支持率も好調で、きっぷのいい語り口から「洪姐（洪ねえさん）」への期待感が高まった。しかし、洪秀柱は、中台関係について失言を連発してしまう。最初の失言は「一中同表」だった。「中国も台湾も一つの中国を唱

えているが、その主張は異なっている」が「一中各表」であり、馬英九政権にとっては「九二年コンセンサス」に同意できる最大の理由になっている。洪秀柱はこれを「一中同表」、つまり「中台同じ解釈」にもっていくべきだと発言した。しかし「一中同表」は中国の主張であり、現職総統の馬英九の路線を否定することになる。さらに洪秀柱は「終極統一」と言い出した。将来的には「いつか統一する日が来てほしい」という願いを語ったものだが、候補者が言うべきではない。そのため、洪秀柱の支持率は急落し、結果的に総統選の三か月前に、党主席の朱立倫と候補交代の憂き目に遭った。台湾では、中台関係に関する地雷がたくさんあり、細心の注意が必要であることを改めて強烈に印象づけた。

†対中政策で成果を上げたかった馬政権

馬英九政権は二期八年間あった。一期目の四年と二期目の四年で分ける方法もあるが、中台関係で考えてみると、二〇〇八年から二〇一三年までの「経済交流期」と、二〇一四年から二〇一六年までの「政治交流期」に区切ることができるだろう。

ここでも中台関係特有の用語が活躍する。それが「先易後難」と「先経後政」だ。先に簡単なものから手をつけて、難しいものはあとにしようということで、簡単なものとは経済であり、難しいものは政治というわけだ。二〇〇八年から二〇一三年までは「先易」

「先経」の時期であり、二〇一四年からは「後難」「後政」に入ったと考えることができる。

経済交流期の対中関係は、総じて順風だった。中台双方の窓口機関による中台協議は半年に一度と定例化され、二〇一三年までに一〇回開催され、二三項目の協定を締結した。李登輝時代の一九九三年に始まった中台の協議は一五年間で二度しか開催されず、延期、中止が当たり前だったころとは雲泥の差である。

二〇一二年の総統選でそれなりの差をつけて馬英九が再選を果たした際、世論調査では、馬英九の支持率は決して高くはなかったが、両岸政策では最も高い信任が台湾社会から寄せられた。馬英九の対中路線は、確実に台湾社会に支持されていた。その状況が崩れたのは、中台関係が政治の領域に踏み込もうとした二〇一四年からだった。

この年、馬英九は、APEC首脳会議が開催される北京に行き、習近平に会おうと考えた。その心象風景を考えてみる。支持率は低迷しており、総統の任期はあと二年しかない。中台関係を打破した、という点は誰が見ても自分の最大の成果であるが、李登輝の民主化のように「歴史的業績」と呼ばれるには、もう一押し欲しい。そのために中台トップ会談を成し遂げたい。ちょうど二〇一四年秋には、北京で中国がホスト国になる。ここに訪問して習近平と会えば、「(分断以来)初の中台トップ会談」「国際会議への台湾総統の出席」「台湾総統の中国初訪問」という一石三鳥の歴史的ブレークスルーだ。ノーベル平和賞すら狙える功績になる――。馬英九がそんなふうに考えた蓋然性は、低くないと私は考える。

しかし、中国は思いのほか慎重だった。最初に公式の場で台湾が中国に馬英九の訪問希望を伝えたのは、二〇一四年春の中台協議の場だとされる。しかし、快い返事が中国から返ってこない。馬英九は焦る。中国側をぐっと引きつける「善意」を示すため、サービス貿易協定の素早い処理を模索した。このとき、馬英九があそこまで党側に迅速な処理を求めた理由はほかに考えられない。あまりに、就任以来、中台関係を非常に慎重かつ老練な手際でハンドルしていた馬英九らしくないのである。

その結果、ひまわり運動は一気に盛り上がり、協定の締結は先延ばしにされた。加点になるどころか減点がついたような形である。馬英九は同年六月の台北で行われる両岸協議に望みをつなぐが、うまく進まなかった。その頃から、馬英九は鬱憤を晴らすように中国への批判を口にするようになり、習近平も台湾に「一国二制度」を明確に求めていく意向を伝える。時系列で追っていくと、「政治」でつまずいた中台関係が浮かび上がる。

†歴史的な中台トップ会談はなぜ実現したか

台湾では二〇一四年の統一地方選で国民党が大敗北を喫する。「後難」「後政」への踏込みは停滞したように映った。馬英九政権内でも、中台トップ会談への期待をこれ以上口にする人はいなくなった。近づく台湾総統選は国民党の敗北濃厚。ところが、ここで中国の習近平政権は戦略的転換をあっさり行う。中国側から、中台トップ会談を持ちかけたのだ。私を含め、大半の台湾ウォッチャーも虚をつかれた形になった。落ち目の馬英九政権に、いまさら中国がプレゼントを与える理由はない、という思い込みがあったからだ。

中台トップ会談に中国側が踏み切った理由は複雑かもしれないが、台湾側が応じた理由は簡単だった。

中国側は、①馬英九の在任中に中台関係に一つの楔を打ち込み、蔡英文・民進党政権の誕生後の前提としたかった、②南シナ海問題などで中国の孤立化を目指す米国の外交的努力が始まるなか、南シナ海のステークホルダーである台湾を引き寄せ、対外的に孤立のイメージを弱める、などだ。

一方、台湾側は「馬英九が会いたがった」以外の理由はない。苦戦している選挙へのプラス材料になるという判断もあったかも知れないが、もちろん反発も予想でき、限定的効果にとどまることは誰の目にも明らかだった。しかし、中台トップ会談自体は、台湾社会も期待しており、最高指導者である総統がやりたいというならば反対する理由もない。

中台トップ会談の話し合い内容は極めて抽象的なもので、合意文書にも次の政権への拘束力はない。会ったことに意義がある会談だった。会うことに意義があるというのは、いうまでもなく政治的行為であり、この中台トップ会談は確かに「後難」「後政」である政治プロセスの到達点であるといえる。

もともと「一つの中国」を掲げる中華民国と中華人民共和国、その背後にある国民党と共産党は、兄弟のような関係だった。欧米の植民地化に抵抗し、中国伝統の封建主義から脱して、新しい中国を造り上げようとする革命政党であり、国民党は中華民国を、共産党は中華人民共和国を打ち立てた。

両党は発足時点から多くをソ連から学び、党体質のなかに、強力なイデオロギー性と中央集権的な組織原理を持つ。よく似通った政党同士の「兄弟げんか」が、六六年間にわたってトップ会談のなかった中台分断の現実である。

†台湾の離心と依存

しかし、台湾では、そんな歴史とは一線を画す新しい変化が起きている。それは「台湾は台湾」と考える人々の主流化だ。中台とも「中原で鹿を追う」という理想を持っていてこその「一つの中国」であって、どちらか片方が「もう鹿は追わない」と言い切ってしまえば、このゲームは終わってしまう。そして、台湾の人々の気持ちは、現実的にはもう完全に「中原の鹿」などには興味を抱いていない。「鹿は追わない」と李登輝が言い始め、「鹿は台湾にいる」と言ったのが陳水扁だった。馬英九はそれでも鹿に興味がありそうに見せたが、蔡英文が鹿には興味がないことは、当選前から分かっている。

兄弟げんかにたとえれば、けんかをしていても兄弟ならば仲直りをすることもできるが、「もうけんかはやめました。おたくの邪魔もしませんから、おたくもこちらの邪魔をしないで下さい」と言い始めて、兄弟から他人になろうとしているのがいまの台湾なので、中国も内心は困っているのである。中国はいま、台湾がけんかをしたままでもいいので兄弟であり続けてくれるように全力を挙げている。

中国は最初にこの新しいゲームをうまく進めることができなかったが、最近はじっくりと構えているようにも見える。私は「熟柿理論」と呼んでいるが、中国は、自分たちが大きく方向性を誤らなければ、いつか台湾は自分たちにところに戻ってくる、という認識がある。その背後には、中国の台頭によって国力が増大し、台湾を経済依存させることに成功した、という実績を支えとする自信がある。

二〇一六年総統選で民進党の勝利が確実になった状況を受けて、上海東亜研究所の所長で、有力な台湾研究者である章念馳は「民進党が全面的に政権を取ったとしても両岸関係はこの世の終わりを迎えるわけではない。台湾独立は永遠に実現できない。台湾は大陸に深く依存し、台湾は将来必ず大陸に向き合うはずである」と述べた。これが恐らくは今回の国民党大敗に対する中国内の本音にいちばん近い公式理解ということになるだろう。

†「一つの中国の枠組み」という籠

変わりゆく台湾に、中国として一定の歯止めをかけるために生まれた最も新しい台湾政策は「一つの中国の枠組み」だった。「一つの中国」というのは、本来は、国際社会に向けた台湾問題の扱いを勝ち取っていくための理念だが、これは交流が深まった台湾そのものに向けた発展形であり、台湾という存在を飼いならす「一つの中国」の籠でもある。

台湾とは交流する。貿易もする。投資もどんどん受け入れる。農産品も買う。観光客も送り込む。政治体制を選ぶ自由も認めてもいい。たくさんの「善意」を示すことができる。しかし、すべてそれは「一つの中国」の中にいればこそだと示したものと言える。「一つの中国の枠組み」は中国語では「一個中国的框架」。これは、言葉のニュアンスとしては「囲い込む」「枠にはめる」という印象を与える。台湾という小鳥が籠のなかから飛び出したら、それはすなわち台湾独立であり、認めることはできない。生々しい言い方をすれば、「籠の鳥になりなさい。エサはたっぷり与えます。しかし、飛び出そうとしたら、殺しますよ」ということになるだろう。

今日の台湾は過去とは大きく違う。軍事バランスは中国が圧倒的に優勢。経済では台湾の中国依存は進む一方で、台湾の経済人たちはみな大陸に大工場を作って荒稼ぎしてきた。シャープ買収で話題になった台湾の鴻海精密工業の郭台銘会長、お菓子メーカーの旺旺の蔡衍明会長など、常に中国寄りの発言や行動を見せる「紅い商人」も増えてきた。中国は長期的かつ周到に設計された台湾政策を推し進めている。民進党・蔡英文政権の誕生後、中台は基本的に緊張をはらみながらの関係が続くだろう。その中で台湾の手を縛り付ける方法は、いくらでも中国にはあり、最も効果的な手法は経済からの揺さぶりになる。

ただ、政治はすべて計算でやるものではないところが面白い。これまで、台湾問題のプレーヤーは、中国の政府、台湾の政府、台湾の民衆の三者だった。そこに中国の民衆は関わる方法を持たなかった。それが次第に変わってきている。台湾への旅行が解禁され、台湾を生で体験した中国の一般大衆が増えるに従って、台湾問題について、伝統的な中国人の思考方法からはみ出す人々が現れてきている。これは、中国にとっても、いささか計算外だったかも知れない。そのことを実感したのは、二〇一二年の台湾総統選挙だった。

このとき、中国では、選挙の模様や開票の様子がフェニックステレビなどでリアルタイムに報道され、中国政府もあまり制限はつけなかった。台湾の選挙がこれほど自由に、客観的に中国で報じられたのは歴史的にも初めてのことで、中国の民衆は熱いリアクションを示した。表現の場は、微博（中国版ツイッター）だ。出色だったのが、「在中国看台湾選挙、就像太監ＡＶ」。訳すと「中国で選挙を見ることは、男性機能を失った宦官である太監がアダルトビデオを見ているようなものだ」ということで、大変うまいことを言うなと思った。この言葉は、中国の現体制への強烈な皮肉で、何万回と引用、転送された。

中国人の台湾選挙への見方について微博などから言葉を拾ってみた。

「台湾選挙はいままで見たなかで最も面白いドラマだった。一八〇〇万人が主演で、選択が正しくても間違っていても、全力で演じている。こちらは一三億人がいるが、長い間、衣装を着ているだけで、演じたことはない」「台湾では理性的、平和的な民衆が理性的、平和的な総統を選んだ」「民主とは混乱を経ながら最良の回答を求めて統治を行うことだ」「台湾は、立法院では殴り合いをやり、激しい政党対立も経て、陳水扁の銃撃事件もあったが、今日、理性的で平和な選挙を行った。二〇年間の苦しい道のりを誇るべきだ」

もともと中国の台湾政治への報道はいわゆる「悪魔化」の情報操作が著しく、悪い面だけを強調した情報が官営メディアによって流され、台湾の選挙は、中国人にとって「民主主義の悪しき実例」として理解されてきた。

中国人の台湾政治に対するステレオタイプの形容詞は「乱」の一言に尽きる。中国のメディアが台湾は民主化によって乱れた、という印象操作を行ってきたからだ。それは、中国共産党統治の「安定」の正しさを確かめさせるものでもあった。二〇一二年の総統選挙では、初めて真実に近い台湾選挙の様子が中国に伝えられ、中国人の台湾認識に変化を与えたということができる。

†民間交流による変化

二〇〇九年ごろから中国人による台湾への自由旅行が認められるようになると、台湾体験を語る人の中には、ツアーには参加しないようなオピニオンリーダーなど、中国世論に影響を与える人々が現れるようになる。その最たるものが、中国でカリスマ作家として人気を集めている韓寒だった。韓寒は台湾訪問のあと「太平洋の風」と題した台湾賛美のエッセイを発表し、中国のネット上で無数の転載が行われた。二泊三日の台湾旅行記なのだが、韓寒を感動させたのは、台湾の観光や景色ではなく、台湾の人々だった。「太平洋の風」で、韓寒はこんなエピソードを紹介している。

友人と一緒にコンタクトレンズ店を訪れ、友人はメガネを買おうとするが、仕上がるまで数日かかるということで買うことはできなかった。そこで眼鏡店の店長は使い捨てのコンタクトレンズを取り出し、この友人の手に押し込んで「お役に立てなくてすまないね。これを使って台湾にいる間はなんとかしのいで下さい」と話したそうだ。

「なんでこんなことが起きるんだ。何か仕掛けがあるのか。この店から無事に出られるのだろうか」。世知辛い世界に生きている中国人の韓寒は、とっさに心配になったという。

また「馬英九よりも私を感動させた人物」として、韓寒は、タクシーの運転手を挙げた。ホテルから陽明山に向かった韓寒は、携帯をタクシーに忘れる。車のナンバーも控えていない。タクシー会社にもホテルにも連絡したが見つからない。困り果てていると、ホテルから「タクシーがさっき携帯を届けに来てくれました」という知らせが入った。運転手の名前を聞き出し、連絡してお礼をさせて欲しいと頼んだが、運転手は「そんなのはいらないよ。我々はいつもこうしているから」と語って電話を切ったそうだ。

韓寒は「石化した」と書く。呆然としたということだ。「自分の体験はもしかすると表面的なものかも知れないし、単に運がいいだけかもしれない。しかし、ほかの華人社会と比べようがないほど素晴らしいもの」を体験したと、エッセイを締めくくっている。この韓寒の感覚は、台湾を訪れた膨大な人数の中国人が、多少なりとも共感するものだった。

中国人観光客の台湾に対する第一印象はたいてい「中国の方が進んでいる」「中国の方が豊か」「街が古い」「高いビルがない」といったネガティブなものから入る。その後、数日滞在すると、拝金主義、競争社会のなかで他人を信じない文化が定着した中国では考えられない優しさを、同じ顔、同じ言葉をしゃべる台湾人のなかに見いだすのである。

こうした中国人の台湾体験は、中国での「民国ブーム」と微妙に重なり合う。「民国風」と呼ばれるこの傾向は、実は一〇年ほど前から、都市住民を中心に静かに進行していた。民国風とは、革命前の中国の様子を懐かしむ風潮を指す。

中国は文化大革命で伝統文化を大きく破壊し、中国人のなかの「文化的価値観」まで損なわれた。中国人には「文化の失われた国」に暮らしているという、まるで失楽園にいるような罪悪感がある。そんな中国人は、台湾に来ると、こんな気持ちになるのだという。

「台湾は『民国風』に満ちているいいところだ。台湾は伝統的中国文化を守っている」

中国人から何度この言葉を聞かされたことだろうか。台湾で中国人がそう感じるのは、特に、中華風のお寺があるとか、盛大な葬儀をやっているとかそういうことではなく、韓寒の落とし物が戻ってきた話のように、あるいは、他人から頻繁に「謝謝《シエシエ》（ありがとう）」「不好意思《プーハオイース》（すみません）」という言葉が聞けることだけで、中国人たちは「本当の中国がここにある」と思ってしまう。

台湾に優良な中華文化が維持されているというのは正しい理解でもある。蔣介石は台湾に逃げてくるときに、中国の文学、演劇、映画、学者など、一流の文化人をこぞって連れてきた。彼らは共産中国で活躍の場がないと考え、国民党と一緒に台湾に渡り、そのまま大陸に帰ることなく、台湾で文芸の道を極めた。多くの弟子をとって、文化の種を台湾に撤いた。その結果、台湾には、高いクオリティの中華文化が育つことになった。

身近な例でいえば、料理が挙げられる。台湾では多種多様で美味しい中華料理が食べられる。代表例は、鼎泰豊の小籠包だが、もともと小籠包は、浙江省あたりの料理だ。台北のあちこちには、熱々の豆乳と油条を売っている朝食店を見かけるが、豆乳と油条の組み合わせは中国の北方の食文化である。庶民料理だけではなく、有力な料理人もやってきていたので、台湾には「湘式（湖南風）」「閩式（福建風）」「粤式（広東風）」「川式（四川風）」などの料理が、戦後から入り込んだ。その結果、小さな台湾に中国全土の料理が広がる奇妙な現象が起きた。もちろん、台湾風の料理も南部を中心に生き残っている。

失われた中国が台湾にある。そんな思いを、台湾を訪れた中国人は大陸に持って帰っている。そのことが、中国そのものや中台関係にどのような変化をもたらしていくのか。それはこれからもなお見つめ続けるべきテーマだ。

第四章　台湾と南シナ海・尖閣諸島・沖縄

†日本南進の轍

日本社会が台湾について「思考停止」に陥っていることによる弊害が、国際情勢の変化によって、近年ますます増えていると感じる。その実例として、尖閣諸島問題と、南シナ海問題、そして、沖縄問題を取り上げたい。

これらの問題は本来、台湾（あるいは中華民国）からの視点を抜きには語ることができないし、理解することもできない。しかしながら、台湾の存在が半ば無視された形で報道や論評が行われているケースも目立つ。

台湾と、南シナ海、尖閣諸島、沖縄を重ね合わせて論じることで何が見えてくるのか。それは、明治維新以降日本が歩んだ近代化と、辺境東アジアに対する対外拡張の道だ。日本の対外拡張は、北海道から樺太、朝鮮半島から満州、沖縄から台湾、南洋諸島というように、基本的には日本の領土を地続き（あるいは海続き）に広げていった。この点は、欧米列強のように本国から遠く離れた地域に植民地を持つスタイルとは違っていた。

日本の対外拡張のなかで、台湾、南シナ海、尖閣、沖縄の四か所は、明治から昭和にかけて日本が突き進んだ南進の轍と言うことができる。日清戦争に勝利したとき、海軍は「図南の飛石（南進のためのステッピング・ストーン）」と言って台湾を望んだとされる。東アジアの辺境の一角にいた日本が、新たなる列強として台頭し、歴史的に中国の影響下にあった同じ辺境の地域を一つずつ削り、我がものにする主役交代のプロセスでもあった。

それらが今日的な問題として、日本に重くのしかかってきている。だからこそ、我々は問題の「起源」を知らなくてはならない。そのためには、台湾を起点に考えることは間違いなく有用な一つの方法なのである。

台湾、南シナ海、尖閣、沖縄はいずれも日本にとっては明治以降の「新しい領土」だったが、日本の敗戦に伴う戦後処理のなかで、その領有権は別々の道を歩んだ。台湾は中華民国に接収され、沖縄、尖閣は日本へ、南シナ海の島々は一種の「無秩序状態」に置かれた。これらの土地は、ばらばらに見えて、実は切っても切れない深い関連性を持っている。その実態から目を背けていては、台湾、南シナ海、尖閣諸島、沖縄の諸問題にいずれも絡んでくる中国に対しても、正しい戦略を描くことは難しい。

†南シナ海

南シナ海で、中国の活発な埋め立てが関係諸国の反発を招き、緊迫が高まっている。二〇一五年には米国が対抗して「自由の航行」作戦を発動。中国と東南アジア各国との間のローカル・イシューだった南沙諸島問題が、一気にグローバル・イシューに変わった。台湾が実効支配する南沙諸島最大の太平島に二〇一五年一二月、台湾は新たな港湾や灯台を完成させ、馬英九総統は二〇一六年一月に現地へ飛んだ。トラブルメーカーにならないことを国際公約にしていた馬英九だが、台湾がこの問題で一席を占めていることを国際社会に訴えたかったのか、米国の制止を振り切った形で訪問を実行した。

南沙諸島を含めた南シナ海の島々の領有権問題は、一般にメディアで書かれるように「海底資源が見つかって以来、中国が領有権を主張するようになって対立が深まった」という時間軸と図式で考えられがちだ。しかし、それでは、南シナ海問題への理解が局限的になる。米中や東南アジア諸国が戦わせている「言語」を深く読み解くためには、「中国近代と南シナ海」の経緯をもっと深く知っておくべきである。

素朴な疑問として、海南島から大きく南に下った海域の島々まで中国が「私たちの領土である」と主張することには、誰もが不自然さを感じるはずだ。

三六〇万平方キロの海域に大小三〇〇の島々がある南シナ海には、南沙（スプラトリー）諸島のほか、西沙（パラセル）諸島、東沙（プラタス）諸島、中沙諸島などがある。そのいずれについても、領有の法的根拠は、現在の中華人民共和国ではなく、いま台湾にある「中華民国」によって整えられた。

例えば、南沙諸島最大の島である太平島は、いまも台湾が「高雄市旗津区中興里」という地名のもとに実効支配している。東沙諸島も同じく「高雄市」の行政区域として台湾が実効支配下に置いている。

南シナ海の島々が中国の歴史的文献に登場するのは、漢代に遡るとされるが、近代以降において南沙や西沙に国家として最初に触手を伸ばしたのはベトナムの宗主国だったフランスで、一九三三年から少数の兵士を駐留させた。このとき、中華民国政府は反発して「中国南海島嶼《とうしょ》図」を公表し、領有権を主張したが、具体的行動は取らなかった。

その後、第二次世界大戦が勃発すると、一九三九年に日本がフランス軍やベトナム漁民を追い出し、最初に西沙、続いて南沙を占領。日本は軍事拠点を置いて、資源開発も試みながら、南シナ海全体を終戦まで支配した。

問題は一九四五年以降で、空白になった南シナ海の島々をフランス軍はいち早く占領したが、ベトナム内戦のあおりですぐに撤収し、そのチャンスを逃さず、国民政府は「太平号」など四隻の軍艦を派遣して一九四六年末までに主だった島々の占領を終え、測量も行った末、「南海諸島位置図」を作成している。これが、今日の中華人民共和国が南沙諸島など、南シナ海の島々の領有権を主張する根源的な論拠となっている。

この「南海諸島位置図」は最南端を北緯四度付近とし、東沙、西沙、南沙、中沙の島々の位置と名称を確定させた。重要なのは、「一一段線」と呼ばれる一一本の境界線を使って、南シナ海を「中国の海」と位置づけたことである。形がU字型であることからU形線とも呼ばれている。さらに「中華民国行政区域図」を公表し、ここにも「南海諸島位置図」を付けた。これにより、国際社会に向けた「南シナ海の中国領有」を宣言したという解釈がされている。

その後、中華民国は大陸を喪失し、台湾に撤退する。南シナ海の領有権問題の主導権は現在の中華人民共和国に引き継がれた。しかし、台湾側はそのまま南シナ海は「中華民国の領土」と主張し続け、いずれも飛行場を持って政府人員が駐留する南沙諸島の太平島と東沙諸島の現状維持に徹して、中国のように新たな島の占領などは行っていない。

†台湾が握る南シナ海問題の鍵

中国は一九五三年、一一段線のうち、当時は関係良好だったベトナムとの領域にあたるトンキン湾線と北部湾線の二線を削除。新たに「九段線」として一九五八年に「領海宣言」を出し、南シナ海の島々を含めた海域の領有を宣言した。一九七〇年代に西沙諸島をベトナムとの戦いを経て実効支配下に置き、南沙諸島でも一九八〇年代から複数の島々を実効支配した。ちなみに中国は九段線にしたが、台湾はいまも一一段線を使っている。

本来は、領土の編入によって領海が確定することが常識である。中国が実効支配する島はごく一部であり、たとえ先占主義を取ったとしても、南シナ海全体の島々を中国領有とする合法性は決して十分とは言えない。何より、なぜ九段線（一一段線）が中国の領海の境界となりうるのかについては、「中華民国が決め、我々が引き継いだ」というところに落ち着くので、国際法上の議論が定まらない。二〇一五年にワシントンでオバマ大統領と会った習近平国家主席が「古来より中国の領土である」と語った通りである。

米国の議員やシンクタンクの研究者が「台湾から南シナ海関連の資料を提供してもらおう」という趣旨の発言をときどき行っているが、南シナ海を領海とし、その島々を領土と主張する論拠の史料は、こうした経緯から、基本的に台湾が握っていると見られている。

南シナ海問題で、馬英九総統は二〇一四年五月二六日に「南シナ海平和イニシアチブ」を発表し、主権問題の棚上げや共同資源開発など平和的な現状維持を呼びかける構想を発表した。台湾としては、対米関係と対中関係の板挟みになることを避けるだけでなく、歴史的に南シナ海問題にかかわった「本家」の意地も込められていると見ることができる。

†日本とも歴史上の因縁

南シナ海と関係が深いのは、台湾だけではない。日本もまた同様で、台湾と日本がかつて「同じ国」であったこととも関係している。

南シナ海問題について、二〇一五年一一月、自民党の野田聖子衆院議員が「直接日本と関係がない」と語ったことについて、「失言だ」という批判が集まった。野田聖子は自民党のベテラン議員で、日本初の女性首相に近い一人と推す声もある実力者。その政治的主張はハト派で安倍首相とは一線を画しており、二〇一五年九月の自民党総裁選挙でも唯一、安倍首相の無投票再選に異を唱えようと出馬を目指したこともあった。

この野田発言について、安全保障問題に理解がなさすぎる、米国が南シナ海に艦艇を派遣した深刻さを理解していない、など主に「外交論」や「安保論」から疑問が向けられた。私とは考え方が違うが、野田議員が対中外交を念頭に「南シナ海」問題にあまり日本は深入りするべきではないと主張するのならば、それはそれで一つの見識かもしれない。ただ、もしも日本と南シナ海との深い歴史的な関わりを念頭に置かずに語ったのであれば、それは残念ながら誤認があると言えるだろう。なぜなら、前述のように、南シナ海の島々の領有問題や資源問題は、明治維新以降に「南」を目指した日本近代史の重要な一部であり、今日の混乱にも日本には「責任」が少なからず存在しているからである。

戦後日本の再出発が確定した一九五一年のサンフランシスコ講和条約で、日本が権利・権原を放棄した対象には、台湾や満洲などに加えて、南沙諸島、西沙諸島も含まれていた。そこにはこう書かれている。

「日本国は、新南群島及び西沙群島に対するすべての権利、権原及び請求権を放棄する」

新南群島とは、南沙諸島のことで、日本がつけた名前だ。放棄するということは、それ以前に国際承認があったかどうかは別に、事実上、日本が領有あるいは占有していたことを認めていることになる。講和条約では権利を放棄したあとの帰属先が確定されていないので、事実上の無主状態に置かれる形となり、今日の領土紛争の種がまかれた。

南沙諸島について、台湾の国防部の古い資料を調べていたら、「進駐南沙群島経過情形報告表」という一九四六年一二月二六日付の公文書を見つけた。

「海軍総司令部独立第二グループおよび海軍南沙気象観測部隊」が、総勢五四人の隊員、

「太平号」(駆逐艦)と「中業号」(登陸艦)を派遣し、南沙諸島の長島(いまの太平島)に上陸したときの様子を報告している。彼らは、一二月一二日朝七時、長島に進駐し、物資を運び込み、太平島に改名する石碑を立てた。報告書には書かれている。

「島には多くの樹木が茂っており、ヤシ、パパイヤ、パイナップルなど。井戸が五つ。居民なし。住居は破壊され、無線も破壊され、港湾では一艘の沈没船があった。日本人の建てた石碑があり、日時や名前が書かれていたが、いずれも削り取った」

中華民国によるこの上陸活動は、南沙諸島の接収行動だった。これ以後、南シナ海のほかの島々に対する中華民国の接収行動が続き、南シナ海領有の論拠が強化されていった。それは、今日、中華民国を継承すると主張する中華人民共和国によって、南シナ海の島々の領有を主張する最も有力な論拠になっている。

†アホウドリ捕獲で日本人も進出

一方、東沙諸島についても日本人は浅からぬ縁を持っている。一九〇〇年ごろから、小笠原諸島のアホウドリ捕獲で大もうけをしていた玉置半右衛門や水谷新六といった商人が、アホウドリを求めて東沙諸島に渡った。台湾が日本に割譲されたあと、台湾北部の基隆で海運ビジネスを展開していた西沢吉次が、船団を率いて東沙諸島に到着。海鳥たちの堆積した糞などによるリン鉱やグアノの採集事業が大掛かりに始まり、一時は四〇〇人を超える日本人や福建人などの労働者が、小さなプラナス島にひしめいていた。

西沢は島名を自分にちなんで「西沢島」と命名している。なんとさらに「西沢島通用引換券」という私的貨幣まで発行したという。独自通貨である。その後、西沢は日本政府にこの島の台湾への編入、つまり日本領有を申し出て、日本海軍の艦船が派遣されたこともあったが、この動きに反発した清朝は日本政府に抗議を行った。

清との関係悪化を恐れた日本政府は清による東沙諸島の領有を承認することになり、西沢が設置した施設などは代金と引き換えに接収され、新たに中華民国の領有を示す建築物、碑、廟などがこの島に建設され、日本人の痕跡は消された。その際、「東沙島の返還に関する条項」が、清朝から授権された「両広総督」（広州、広西地区のトップ）と、日本政府駐広東総領事の間で交わされている。

東沙諸島の領有権についての扱いはサンフランシスコ講和条約に入っていない。このときの取り決めで清朝の領有が確定したと判断されたのかもしれない。その後も、日本は東沙諸島付近で漁業を行う漁民の問題で、中華民国政府から抗議を受け続けた。太平洋戦争が勃発し、日本は東沙諸島と西沙諸島を占領、一九四五年まで実効支配する。

このように南シナ海の各地には日本人の足跡が残る。当時、日本と日本人が、資源と商機を求めて「南」というフロンティアに前のめりに向き合っていた証明でもある。

今日、中国や台湾は南シナ海すべての島々が領土であると主張している。フィリピンは南沙諸島を、ベトナムは西沙諸島を、それぞれ領土だとしている。日本による戦前の南進政策の後始末の問題が今日の錯綜した事態を招いているのは紛れもない事実である。すべてが日本の責任だと主張するつもりはないが、こうした歴史的経緯を顧みれば「南シナ海は日本に直接関係がない」とはやはり言うことはできない。

†米中間に横たわる自由航行の争い

米艦の南シナ海における「航行の自由」行動で注目すべきは、米国と中国との間に、台湾問題に絡んで、海上での軍事行動をめぐる明確な認識の違いが根っこにあることだ。「航行の自由」を高らかに掲げる米国に対し、中国の反論は「領海内に立ち入るには、主権国の許可を得なければならない」というものになっている。

中国が埋め立てを進める人工島に領海を設定できるかどうか、という国際法上の問題は別にして、もとをたどれば、「領海を含む自国近海での外国軍の活動の制限」は、一九五〇年代の「台湾解放」をめぐる中台緊張のなかで、台湾防衛に介入する米国を阻止しようと中国が掲げた主張だった。海上覇権を求める米国と、対抗する中国。南シナ海での米中確執の背後には、冷戦初期から続く、半世紀を超えた根深い対立が隠れている。

一九五八年八月に起きた「第二次台湾海峡危機」では、台湾が支配する金門島に中国から猛烈な砲撃が行われ、金門防衛のため、米国は第七艦隊を派遣し、軍需物資の補給などで台湾側をサポートした。その危機の最中である同年九月、中国は「領海に関する声明」を発表する。台湾や金門、南シナ海の島々はすべて中国の領土であり、その領海は一二カイリとすること、そして、その領海内に他国の軍隊は中国の許可なく立ち入ってはいけないことを、世界に向けて宣言したのである。

ちなみに、この声明と、いわゆる「九段線」「U字線」と呼ばれる南シナ海をすべて「中国の海」とするような「歴史的権利」の主張には大きな矛盾があり、その整合性をどう整理するかについては中国内でも長く論議が続いている。

中国の海洋法学者たちは、今日の国際社会で、歴史的権利を声高に叫ぶ時代が終わったことを十分に承知している。同時に、西沙諸島については、すでにベトナムとの間に領海確定を国連海洋法条約にのっとって行っている。そこでは西沙諸島にしっかりと領海基線も引いている。もしこの原則を南シナ海全体に適用するなら、南シナ海を「中国の海」と言うことはできなくなる。領海基線を引いてその沖合一二カイリまでが領海であり、それ以外の広大な海域は、諸外国の船舶が自由航行できる排他的経済水域か、あるいは普通の公海になるからだ。そうなると、中国の主張と齟齬を来すことになる。中国内では、今日でも領海基線を引くべき派と、引くべきではない派で論争が続いている。

一九五八年の台湾海峡危機当時、この「領海に関する声明」はさほど効果を発揮したわけではなかったが、その後、中国は国連海洋法条約の導入の旗ふり国の一つになり、できるだけ国際法の枠組みを使って米国の海洋支配に制限をかける方針を取っている。

一九九六年の台湾総統選をめぐる台湾近海へのミサイル発射で、米第七艦隊の空母二隻が台湾海峡に派遣されて台湾の安全が確保された。海上覇権をめぐる米中の対立は主に台湾海峡情勢をめぐって展開されてきたが、いま、その主舞台を南シナ海に移している。

米アジア太平洋の安全保障の基本構図として、何らかの有事が発生した場合、米軍が最短時間で駆けつけるという「前提」がアジア太平洋のパワーバランスを支えている。中国が米軍の活動に制限を加えることができれば、「抑止力」という言葉で表現される米国への信頼性が低下し、日本や台湾、東南アジアの安全保障環境が大きく揺さぶられる問題に発展しかねない。

海洋覇権国としての米国にとっては、世界のどこにでも米軍が出現できる状況を維持することが国家目標にある。一九七九年に自由航行計画（Freedom of Navigation Program）を定め、航行の自由が制限されそうな事態になったとき、米国はその海域にテスト性の艦船・航空機派遣を行い、自由航行が制限されていないかどうか確認を行うことにしてきた。これまで、その行動は一度たりとも制約されることはなかった、とされている。

領海内ではいわゆる「無害通航権」を認めることが国連海洋法条約の建前だが、中国は前述のように領海内に外国の軍隊が立ち入る場合は、中国の同意を得てからでないと認められないとの立場を取っている。ただ、国連海洋法条約では、この同意事項については是とも非ともしておらず、中国の主張が完全に法的な論拠を持っているわけでもない。

米国の行動の直接の引き金になったのは、中国が活発に進める南沙諸島の埋め立て、人工島での軍事施設や港湾施設の整備という一連の中国の行動であることは言うまでもない。外国同士の領有権問題には介入しない、という米国の伝統的アジア政策のスキを突かれ、オバマ政権が後手に回った部分は否めず、米国が自由航行計画を発動させたところで、中国の領有権支配の既成事実化が完全に覆せるわけではない。

南シナ海をめぐる米中のゲームは始まったばかりだ。それは米国の海洋覇権に対する中国の挑戦の始まりであり、台湾海峡をめぐる米中確執の再戦の始まりという意味もある。

†南シナ海での最大の軍事勢力は台湾

最近は中国の積極的進出で揺らいでいるが、この南シナ海の関係諸国のなかで、最大の軍事力や警察力を現地に置いてきたのは台湾である。東沙諸島にも南沙諸島にも空港があり、海洋警察が常駐している。南沙諸島最大の島である太平島も、南シナ海全体で最大の島である東沙諸島のプラナス島も、台湾の支配下にある。潜水艦の航行に不可欠の海底地形図の資料も豊富に持っている。しかし、その台湾は現在、南シナ海の紛争解決のための様々な国際的枠組みから排除された形になっている。台湾が国家として国際承認されていないからだが、南シナ海の重要なステークホルダーであるはずの台湾が加わっていなければ、いかなる取り決めがあっても実効性には疑問符がついてしまう。台湾のステータスを具体的にどうすればいいかは、中国を含めた関係各国が知恵を絞らなくてはならないが、南シナ海問題が台湾排除のままではまずいことは間違いない。

南シナ海はいまの時点で領土確定など主権に関わることができるはずもなく、可能なことは現状維持と相互抑制、資源の共同開発などのメニューを決めて、各国が誠意を持って取り組んでいくしかない。台湾が主張する南シナ海の平和イニシアチブは要するに現状維持の呼びかけであり、その意味では、筋の悪い話ではないと思える。それは、現状維持以上の野心を持たない台湾だから言えることでもあり、耳を傾ける価値は少なくない。南シナ海の対話メカニズムへの台湾の参画を、中国や他の関係国も検討するべきである。

†尖閣諸島と台湾は「思考の死角」

台湾と尖閣諸島という組み合わせは、日本において、「思考の死角」になってきた問題であると言えるだろう。本質的で重要な事柄なのに、覆い隠され、人々が容易には考えつかなかった。だが、実際のところ、尖閣と台湾は南シナ海以上に分かちがたく結びついた、ひとつながりの問題といっても過言ではない。

二〇一五年八月三日、ちょうど台湾にいた私は、地元紙の中国時報朝刊を開いて、目が点になった。「時論広場」というオピニオン欄に「釣魚台当然是中華民国領土（尖閣諸島はもちろん中華民国の領土だ）」というタイトルと尖閣諸島の写真があり、ページ半分を使った投書が載っていた。まさかと思ったが、投稿者は、馬英九総統その人だった。

その二週間ほど前、李登輝元総統が日本を訪問し、「尖閣諸島は日本のもので、台湾の領土ではない」と述べたことに対する反論であり、「李元総統は、主張を撤回し、国民に謝罪して欲しい」としていた。

私は馬英九がいささか「おとなげない」と思った半面、馬英九という人間のこの問題への固執を改めて感じた。馬英九は一九八〇年、ハーバード大学で法学博士を得ているが、その論文のテーマは尖閣諸島に関するもので、タイトルは「海底油田を擁する海域をめぐる争い――東シナ海における海床境界と海外投資の法的諸問題」。研究だけではなく、学生時代から尖閣諸島に絡んだ日本への抗議運動「保釣運動」に参加し、総統就任後も折に触れて「いまの政府で私以上にこの問題に詳しい人はいない」と公言していた。保釣というのは「保衛釣魚台（島）」の略で、要するに、尖閣は我々のもので、日本から守ろうという運動である。保釣運動は一九六〇年代末から始まった。

尖閣諸島がいったい誰の領土かという議論はさておき、元総統と現総統の言うことが一八〇度違うというのは、一体どういうことなのか。これだけで、台湾において、尖閣諸島がただならぬ複雑な問題であることが察知され得るだろう。

尖閣諸島は、沖縄県八重山諸島の北方約一七〇キロメートルに位置する無人島で、日本人の領有行為は明治期までなく、一八八五年に沖縄県が初めて尖閣諸島を実地調査した。その報告書では「人住に適するものに非ず」という結論が出され、鳥しか住めないとされた。しかし、当時、日本人が尖閣諸島に乗り込み、アホウドリを捕獲したり、海産物を取ったりするようになっていた。これらの扱いに苦慮した沖縄県は、勝手な渡航を制限するため、日本政府に杭打ちの願いを出す。当初、清朝と緊張関係にあった日本政府はしばらく問題を放置していたが、日清戦争の大勢が決した一八九四年に閣議決定を行って沖縄県の杭打ちを認め、正式な沖縄県への編入は一八九六年になった。

尖閣諸島の地図を見ると、沖縄本島や中国大陸からは非常に遠く、台湾北部の基隆と石垣島からはほぼ等距離にあることが分かる。南北に連なる琉球弧のなかで、沖縄と台湾との間の結節点に尖閣諸島が位置するという地理的感覚を日本人はまず持っておくべきだろう。尖閣諸島は人の住める土地ではないが、周辺海域は漁場としてそれなりに豊かなところで、台湾が日本の一部であった戦前は台湾漁民も自由に出入りしていたと言われる。

この時代を時系列で見てみれば、一つのことが明らかになる。それは、琉球処分による沖縄県の設置が一八七九年で、そこから日本人の尖閣渡航が本格化し、尖閣への杭打ちが一八九四年、そして、台湾の日本への割譲が一八九五年となる。この展開は決して偶然ではなく、資源と領土を求めた日本人が南に進んでいくプロセスをそのまま現している。

†「一つの中国」と尖閣諸島

尖閣諸島のニュースが報じられるとき、私たちはこんな報道を耳にする。

「領有権を主張する中国の警備船が尖閣諸島に近づいています。同じく、領有権を主張する台湾の漁船も尖閣諸島に近づこうとしています」

ここで多くの読者や視聴者は、中国という大国が尖閣諸島の領有権を主張している一方で、台湾という小国もまた、中国に対抗して領有権を主張している、と理解するかもしれない。しかし、それは正確な認識ではない。というのも、中国と台湾は別々の存在であるが、どちらも「中国」として尖閣の領有権を主張しているからだ。そのため、中国は台湾の主張を真っ向から否定することはできないし、台湾も同様に中国の主張を否定することはできない。ただ、中国は台湾に、台湾は中国に、それぞれ「その主張を日本に対してするべきなのは私たちですよ」と言うことはできる。外からみれば、非常にわかりづらい状況で、頭がこんがらがりそうになる。

中国人の領土認識において、尖閣が彼らの領土であるのは、台湾が中国の一部だからとなる。尖閣諸島は台湾の一部であり、台湾は中国の一部であるから、尖閣は中国の一部だという主張である。近現代史研究者の川島真が述べているように、「台湾は日本が下関条約で奪ったものであるが、日本は戦後、台湾を放棄した。尖閣は台湾の一部分なのだから、日本は尖閣を放棄しているはずだ。だというのに日本は尖閣を放棄しない、従ってそれは、戦後体制への挑戦だ、というロジックで、中国や台湾は日本を責める」ことになる。

だとするなら、台湾が独立すれば、尖閣は中国の一部ではなくなり、少なくとも日中間の領土紛争としての尖閣問題は消滅しよう。もちろんその際は日本と、独立した台湾との間で紛争は継続することになるが、尖閣問題が今日のように常に緊迫した状態ではなくなるかもしれない。だが、中国はこうした事態を絶対に阻止しようとするだろう。

もともと、尖閣の位置づけはあいまいだった。戦後、台湾（中華民国）は尖閣諸島の存在を知ってはいたが、米国や日本に領有権を主張しない状態が一九六〇年代末まで続いていた。台湾の漁民が尖閣に上陸することも一九六〇年代にはしばしば起きていたが、当時尖閣の施政権を持っていたアメリカが追い払っている。台湾も中国も、米国に文句を言っていない。一九六〇年代までは中国も台湾も公式文書や地図では「尖閣列島」を使っており、一九六〇年代までは、尖閣は日中台すべてのプレーヤーの視野の外にあった。

しかし、一九六〇年代末に国連機関が尖閣周辺に海底資源がある可能性が高いという調査報告を出すと状況が一変する。台湾側がまず領有を主張し、一年ぐらい遅れて、中国も主張するようになった。明らかに台湾の動きに刺激されてのもので、背景には、蔣介石に対する毛沢東の対抗意識、あるいは国民党に対する共産党の対抗意識が関係していたものと思われる。台湾に後れを取ってはならない、というわけで、尖閣問題は、日中関係であると同時に、中台関係という側面も持っていることがここから分かる。

その後、尖閣について、台湾では「宜蘭県頭城鎮釣魚台列嶼」という住所まで決められた。一方の中国は、尖閣は台湾の一部であると公式文書などで認め、島の名前なども決めているが、その具体的な住所までは定めていない。西沙諸島などには地名を付けて行政上の編入をしている中国だが、尖閣では行政上の編入措置を取っていない。

推論ではあるが、もしも台湾の一部、つまり「台湾省」のどこそこであると完全に確定してしまうと、尖閣問題についての対応は、台湾側に優先権があるように受け取られてしまいかねないからではないだろうか。台湾には、一国二制度で「高度な自治」を台湾に認める想定なので、現状ではあまり考えられないが、台湾が万が一「高度な自治」をテコに尖閣問題への中国の介入中止を要求すると困ったことになる。現段階で中国の報道や公式文書で「台湾省尖閣諸島」などと書くことを避けているのには、そうした政治的配慮の可能性があるのだ。

†尖閣の現場で日中台が三つどもえに

尖閣の領有を主張する中華人民共和国と台湾、そして日本が、尖閣の現場で三つどもえになったら、一体、どうなるのだろうか。実際に、そうした状況が生じたことがある。

二〇一三年一月二四日午前二時四五分、台湾北部・基隆市の港から台湾の活動家が乗った「全家福号」が出航した。「全家福号」の出航目的は航海の安全を守る民間信仰の媽祖という神様の像を、尖閣諸島に安置するためとされていた。言ってみれば「口実」のようなもので、本当の目的は、尖閣は自分たちのものだということをデモンストレーションすることだった。活動家というのは「保釣運動」の活動をしている人々である。馬英九もこの保釣運動の支援者だったことはすでに述べたが、政治家になってからも、尖閣問題で厳しく日本を批判してきたため、馬英九は日本嫌い、と思われる一因にもなった。

この「全家福号」の警護という理由で、台湾の海巡署（海上保安庁に相当）の巡視船四隻も台湾から出航している。「和星艦」「連江艦」という二隻の中型の巡視船と一〇〇一八、一〇〇五〇という識別番号がある二隻の小型艇から編成されていた。漁船の航行にこんな大部隊が出ていくのも変な話だが、何もしないと、領海で活動する国民を守らなかったと批判されるので、海巡署も活動家の船について行かざるを得ない。日本時間で二四日午前一一時ごろ、「全家福号」と台湾の巡視船が尖閣諸島の接続海域に入った。彼らは台湾からまっすぐ航行してきたので、西南の角度から尖閣諸島に近づこうとした。これに対して、日本の海保の巡視船八隻が進行方向に立ちふさがる形で向き合った。

一方、中国は二一日から継続して尖閣諸島海域を航行していた「海監二三」「海監四六」「海監一三七」という三隻の海洋監視船が、台湾の船団の後を追う形で接続水域に入った。中国船と台湾船の距離はおよそ〇・三カイリまで接近する。台湾の和星号はここで「釣魚台（台湾での呼び方）は中華民国の領土であり、ここは中華民国の海域である。ただちに離れて下さい」と中国船に呼びかけた。

その後、台湾の船団が上陸を目指して尖閣諸島に近づこうと試みるが、日本の海上保安庁によって阻止された。日本時間の同日正午ごろ、尖閣接近をあきらめた「全家福号」は釣り竿を取り出して魚を釣るかのようなダミーの行動を取り、その周囲を日中台の公船が取り囲む形となった。一瞬、緊張感が高まったが、三〇分ほどしてから「全家福号」は台湾に向けて再び動き出し、同日夜一一時ごろに基隆の港に帰投している。

過去の尖閣諸島をめぐる状況は、日本対中国、あるいは、日本対台湾、という個別の一対一の対決だったが、このとき初めて「三つどもえ」になった。日中台の主張がからみあった尖閣問題の実態が現実のものとなり、新しい局面に発展した形となった。

†中台連携の拒否と日台漁業協定

この状況について、中国側は「中国とその一部である台湾が足並みをそろえて一緒に尖閣諸島を占拠する日本に立ち向かっている」と説明している。しかし、中国の政治的支配は台湾に及んでいないのが実態なので、台湾にいる人々も自分の判断で抗議をやっているだけのことだ。中国は台湾の主張の内容には異論はないが、台湾の人が許可なく現場に来てもらうと困るのである。そこで、中国は台湾に対して、「両岸保釣連合」の結成を呼びかけた。台湾のなかでは、統一派と呼ばれる人々が呼応し、台湾のなかに一時動揺が走った。

中国は、メディアを通した揺さぶりもしかける。親中的立場をとる台湾紙「中国時報」と、強硬な民族主義的論調で知られる中国紙「環球時報」は尖閣諸島問題に関する「史上初の両岸共同世論調査」を行い、日本と対抗するために中台は連携すべきか、という質問に、中国では九一％が「連携すべき」と回答したのに対して、台湾の回答も「連携すべき」と答えた割合が五二％に達したと報じた。

しかし、現実には台湾はこの「両岸連携」を拒否する。二〇一三年二月八日、台湾の外交部は「釣魚台の争いにおいて中国大陸と合作しない我が国の立場」という声明を発表した。この声明も、日本メディアはそれほど詳しく報道しなかったので十分に伝わらなかったが、非常に興味深い内容である。

連携拒否の主な理由として、①双方の主張の法的論拠が異なる、②争いを解決する構想が異なる、③中国大陸は我が方が統治権を有することを承認していない、④中国大陸の介入によって日台漁業交渉が影響を受けている、⑤東アジアの地域バランス及び国際社会の関心を顧慮する必要がある、という五つを挙げた。安全保障が絡む尖閣問題では中国とは協力できず、日本や米国と歩調を合わせていきたいという意思表明であり、中国からいろいろ働きかけが水面下でもあったことを想像させる内容になっている。

このメッセージを受け、日本側も政治決断を行う。台湾側に大きく譲歩する形で、馬英九政権と「日台漁業協定」を結んだのだ。日本政府内でも水産庁は反対していたとされるが、外務省が「安倍官邸の意向」を受けて押し切った形になったと言われる。沖縄の漁業権が犠牲にされる形になるが、実際のところ、沖縄の漁船は小型船が多いので、距離として最短距離の石垣島からでも片道五時間はかかる尖閣近海まで漁に行ける船は多くはない。その点も見切ったうえで、メンツを捨て、実利を取った合意だった。沖縄県は反発したが、沖縄の漁民に大きな経済的損失を生まないことは織り込みずみだった。

馬英九はその後、幾度となく日台漁業協定の締結を自らの大きな外交的成果としてアピールしていくことになり、馬政権に対する大きなプレゼントになった。台湾における保釣活動は、以後、存在感を失っていく。台湾の保釣は民族主義的な主張を唱える人々が先頭には立っているものの、活動家自体は少数で、力を持っているように見えたのは背後に漁民たちの不満が存在していたからだ。その漁民が協定によって軟化したので、運動も勢いを失った。その点は、譲歩に踏み切った日本の計算通りになったと言えるだろう。

日本で一部から「親中派」とレッテルを張られた馬英九も、このときはかなり頑張ったのだ。中国側もそうそう簡単に台湾が保釣連携への誘いに乗るとは思っていなかったが、しつこく呼びかけておけば、中国に遠慮して日本とは組むまい、という保険をかけていたようだ。台湾が日本と手を握るとは想像していなかったように思える。

この件に対して、中国の台湾政策担当者は大きな衝撃を受けた。中国外交部の報道官は「中国は釣魚島問題の立場は一貫しており、明確であり、揺るぎないものだ。我々は注意深く事態の推移を見守っている」と述べるにとどめ、関係改善が進んできた台湾への直接的な批判は控えた。しかし、中国のネット上では台湾への批判が続出。「馬英九は奇妙きわまりない。日本と漁業交渉をして、主権はどうでもいいのか」「両岸は手を携えて保釣にあたるべきだ。台湾の行動は理解できない」という声が上がった。中国政府の本音を代弁する役割である「環球時報」も「両岸が尖閣防衛で協調しなければ日本はさらに増長する」と題した社説を掲載している。

そもそも尖閣問題について最初に取り上げたのは、中国ではなく台湾だったことはすでに述べたが、そんな本家意識もあって、馬英九は自らのイニシアチブで「東アジア平和イニシアチブ」を発表したと思われる。一部の腹心とだけで練り上げた「秘策」だったと伝えられるこの構想では「相互に自制し、対立をエスカレートさせない」「争いは棚上げし、対話を放棄しない」「国際法を遵守する」「東シナ海行動規範を制定する」「資源を共同開発する」の五項目を関係各国に呼びかけた。このイニシアチブが形になることはなかったが、その主張自体は「日台漁業協定」に取り込まれ、意義を持ったと言える。

ただ、今後も尖閣をめぐる、日中台の確執は続くに違いない。領有権そのものの解決はまったく決着していない。だからこそ、日本は今後も戦略的に尖閣問題において台湾を中国と組ませないよう引きつけておく必要がある。なぜなら、中国にとって台湾という存在は、紛れもなく「尖閣問題におけるアキレス腱」だからである。

†「流求」は沖縄か、台湾か

これまで、南シナ海、尖閣と、台湾を絡めた論点を提起してきたが、その最後の到達点になるのは沖縄だ。沖縄は台湾とはどんな像を結ぶのか。

台湾と沖縄が地理的に一体であることは、地図を見れば一目瞭然である。九州から奄美諸島を経て南に降りていく「琉球弧」は、四〇〇を超える島々を包摂しながら、やや西に向かってゆるやかにカーブを描いて、最終的には台湾にたどりつく。台湾と沖縄は、「同じ肉体の一部」なのである。日本列島が上半身だとすれば、沖縄は大腿部で、台湾は足先と言えるだろう。琉球列島の最南端は、石垣島から与那国島にかけての先島諸島だが、与那国島の位置は台湾東海岸の宜蘭県や花蓮県に連なる形になっている。

沖縄を示す「流求」という言葉が歴史に登場したのは、西暦六五六年に書かれた『隋書』だった。そこには「建安郡の東、水行五日にして至る海島」とある。その後も中国の史書では「留求」「留球」「流鬼」「留仇」などいろいろな表記が出てくるが、いずれも沖縄を指すものだと広く信じられてきた。

しかし、明治期に入ると、この「流求＝琉球＝沖縄」説に、有力な反論が現れる。フランス人学者のサン・デニーが、隋書の記述は、台湾であるという説を発表した。この説を補強する意見が主にヨーロッパの学者から次々と発表され、日本の学会でも、流求は沖縄ではなく、台湾であるという説が次第に主流になっていった。その論拠は隋書にある「水行五日」という表記、つまり船で五日間では沖縄に到達できないが、台湾ならば五日間で到着できるというところにある。加えて、隋書で描かれる流求の風俗、産物、動植物の相などを検討してみると、沖縄ではなく、台湾に近いと主張した。

しかし、沖縄説も負けてはいない。沖縄にも五日間で到達できないことはないし、隋のころは現代よりも気候は温暖だったので、その描写が沖縄でもおかしくない。そうした反論が提出され、学会では流求をめぐり台湾派と沖縄派で二分された。「流求」起源説にはいまも結論が出ていないが、中国からすれば、沖縄も台湾も同じようなもので、古くは、総称として「流求」と呼んでいたのではないかという推論も成り立つ。何しろ中国大陸からは滅多に人が行かない海上の島々である。大雑把にしか考えていなかったはずだ。

やがて時代が進み、海上交通が活発化して次第に沖縄と台湾の地理的区別が明らかになってくると、中国では沖縄を大琉球、台湾を小琉球と呼ぶようになった。面積からすれば台湾の方が大きいが、中国との交流を一三世紀ごろから深めていた沖縄に比べて、一七世紀になってようやく中国の影響下に入った台湾は、中国からすれば「小」と位置づける方が自然だったのだろう。琉球という名称は、いまの台湾にも残っている。台湾の南部の高雄の西沖合に小琉球という島があり、島の人々は漁業や観光で生計を立てている。また、台湾北部の基隆には琉球嶼という地名もある。

†つながる沖縄と台湾の運命

歴史をひもとけば、琉球王国は中国の明朝、清朝に対して朝貢関係を結んでおり、政治、経済、文化において中国から多大な影響を受けた。その間、琉球王国は、基本的に必要最低限の武力を有して「守礼の国」を名乗る一方で、中国から受け取る朝貢返礼品や交易品を中心にした対外貿易を盛んに行った。しかし明治時代になると沖縄の運命も一変した。一八七五年に日本政府は琉球王国に中国との朝貢関係の断絶を求め、一八七九年には沖縄県の設置を決めて、琉球王国は歴史から姿を消した。

沖縄の運命は、台湾の運命にもつながっている。琉球漁民への暴行を理由に、日本は台湾に出兵を行い、一八九五年には日清戦争の勝利によって台湾は日本に譲渡された。琉球(沖縄)から台湾へ。紛れもなく、日本の南進政策の流れのなかで起きたものだった。

沖縄では、日本統治下の台湾と同様、同じ南方の「新しい領土」として日本人を育成する国民教育などが行われた。中華文明の下地があった台湾と違い、言語的にも文化的にも、日本に近接し、大和民族的アイデンティティもあった沖縄では、より容易に「日本国民」を創り出すことができた。

一方で、台湾では、日本人のことを「内地人」、台湾人のことを「本島人」と呼んだが、沖縄出身者とその他の日本人は実質的には区別されていたようだ。漁業や炭坑の労働者として多くの沖縄出身者が台湾に渡った。当時の台湾は、沖縄よりも経済水準が高く、沖縄と台湾の一体性は帝国日本下でさらに高まった。

ところが、沖縄と台湾がはっきり分断されてしまう事態がやってくる。太平洋戦争における米軍の日本上陸作戦だ。米国政府や米軍では沖縄上陸か台湾上陸かで意見が二分されていた。沖縄上陸を主張したのはマッカーサーで、台湾を主張したのはニミッツだったとされる。最後はマッカーサーの主張が通り、台湾は素通りされ、沖縄上陸が実行された。沖縄では民間人も巻き込んだ激戦になり大きな傷を残した。台湾では軍事拠点などに米軍機の空襲はあったものの、被害は相対的には小さかった。

当時、台湾に本拠を置く日本軍の第一〇方面軍は沖縄もカバーしており、主力はむしろ台湾にあった。もし米軍が台湾上陸を行っていたら、沖縄以上の激戦になったかもしれない。台湾の面積は沖縄よりかなり大きく、山岳地も多いのでゲリラ戦が展開しやすい地理環境にある。米軍が沖縄を選んだのは賢明な判断だった。相対的に戦火の被害が少ない形ですんだ台湾では、日本統治時代の産業施設が十分に保存されており、のちの国民党の台湾移転の際に大きなメリットとなる。もし、米軍が沖縄でなく台湾に上陸していたら、その後の沖縄の運命も、台湾の運命も、大きく変わっていたに違いない。

†蔣介石が断った中国の沖縄占領

マッカーサーのほかに、沖縄の運命を大きく変えた人物がいる。蔣介石である。蔣介石が総統になったのは台湾撤退のあとのことで、第二次大戦前には国民政府の「軍事委員長」という地位に就き、中国戦線を指揮した。一九四三年のカイロ会談で、沖縄をどうするべきかという問題が持ち上がった際、米国大統領ルーズベルトが、中国は沖縄を領有する意図があるかどうかを尋ねると、蔣介石は「共同委任統治がふさわしい」と回答した。

米国スタンフォード大学に収蔵されている蔣介石日記にそのやり取りが蔣介石自身の手で記録されており、蔣介石はルーズベルトにこう語ったとされる。

「(台湾などの中国への返還を受けて)琉球だけは国際機構に委託して共同管理すべきだ。このことは私から提議した。一つには米国を安心させるためであり、二つには、琉球は甲午（日清）戦争以前にすでに日本に帰属している島だから。三つ目にはこの区域は米国と共同管理したほうが、我々が占領するより妥当だからだ」（一九四三年一一月二三日）

沖縄の領有権について、それ以前に国民政府内では、国際法上の検討を行った。蔣介石および国民政府の認識は、沖縄（琉球）は朝鮮と同じように中国の朝貢国であったので、「保護国」という感覚ではあったが、主権が中国にあるとは考えていなかった。カイロ会談の場で「中国への返還」を主張するほどの根拠に自信が持てず、加えて、国民政府の能力では共産党との来るべき闘いを控えて日本から接収する台湾だけでも手一杯で、沖縄までは手が回らないという気持ちもあったに違いない。結局、沖縄戦で大きな犠牲を払った米軍は、単独で沖縄の占領を行うことになった。

中国が沖縄領有に最も近づいた瞬間がカイロ会談だったが、沖縄は中国の手からするりと抜け去ったのである。それでも、蔣介石は沖縄に対して、強い思いがあった。戦後も沖縄の独立運動を裏で支援し、琉球独立による親中政権の擁立を期待した。

一九七二年の沖縄返還のとき、蔣介石は沖縄の帰属についてはさまざまな議論があるので、日本に返還すべきではなく、国連管理下に置くべきではないかと米国に対して主張した。しかし、蔣介石の意見はほとんど相手にされなかった。この頃の蔣介石は、絶頂期にあったカイロ会談のころの蔣介石とは違った。大陸を失い、台湾に撤退して二〇年が経過し、小さな「亡命政府」の主にすぎなかった。当時の台湾は米国の同盟国ではあったが、その主張が、日米共同プロジェクトとしての沖縄返還に影響を及ぼすことはなかった。

ただ、その後も台湾は、沖縄県の存在を認めない態度を維持した。台湾ではいまも琉球という名前のほうが通りがいい。ナショナルフラッグだった中華航空のフライトマップでも、最近まで沖縄は琉球と表記されていた。現在は特にこだわっているようには見えないが、それでも、台湾が正式に沖縄の日本帰属を認めたかどうかは曖昧なままである。

†沖縄と台湾の悲劇、二・二八事件

沖縄と台湾の近さは、ある悲劇も生み出した。二・二八事件での沖縄人の被害である。二・二八事件とは、一九四七年に国民党政権が台湾人のデモを弾圧し、大量の犠牲者を出した事件である。そのとき、台湾人と間違われるか、日本のスパイだと疑われたりしたかなりの数の沖縄人が殺されたとされる。

一九四七年までに日本人の多くは台湾から日本に引き揚げていたが、沖縄人は例外だった。与那国島から台湾まではたった一一〇キロ。密貿易も漁船の乗り入れも続き、台湾に残っている沖縄人は多かった。国民党へのデモに参加しなくても、言葉が通じないので疑いをかけられてスパイ扱いされ、殺された沖縄人が三〇人はいたとも言われる。台湾最北端の基隆の社寮島（現・和平島）には沖縄人集落があり、そこが悲劇の現場になったという。

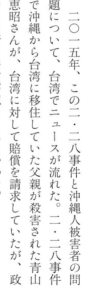

二〇一五年、この二・二八事件と沖縄人被害者の問題について、台湾でニュースが流れた。二・二八事件で沖縄から台湾に移住していた父親が殺害された青山恵昭さんが、台湾に対して賠償を請求していたが、政府の判断で賠償が認められなかった。

青山恵昭さん（著者撮影）

青山さんの家族は台湾で暮らしており、お父さんの恵先さんは、ベトナムに出征、台湾に戻ったところを二・二八事件の混乱で国民党軍に捕らえられて殺されたという。台湾の二・二八事件記念基金会から被害認定は受けることができたが、台湾の内政部から「平等の原則」を持ち出され、賠償にストップがかかった。日本の統治下にあった台湾から二〇万人以上が日本兵や軍属として従軍して、三万人が命を落としているが、日本政府は彼らが日本人ではなくなったことを理由に、恩給や障害年金など、日本人ならば受け取れている補償は認めていない。台湾の政府はこうした扱いは不平等だとして、二・二八事件についても日本人は賠償の対象にならないと主張してきた。

日本と台湾との大きな物語の下に、沖縄の人々の小さな物語が隠れてしまった感があり、やるせない気持ちにさせられる。青山さんは不服申し立ての訴訟を起こし、台北行政高等法院で二〇一六年二月、予想をくつがえす形で全面勝訴を勝ちとった。

戦後の台湾で、北部の港湾都市である基隆を拠点に、琉球独立運動を行っていた沖縄人たちもいた。その独立運動の母体になったのは「琉球革命同志会」というグループで、リーダーは喜友名嗣正という人物だった。喜友名は、沖縄の中国系移民、久米三六世の子孫だとされ、蔡璋という中国名も持っていた。戦前は中国で抗日運動に参加し、戦後は台湾で国民党と連携しながら琉球の独立を目指した。琉球の日本からの分離を期待していた蔣介石からは特に目をかけられ、中華民国からその活動に手厚い支援が与えられる時期もあった。一方で、喜友名は台湾に生活する在台沖縄人の支援にも熱心で、「台湾省琉球人民協会」を設立して、国民党政権との窓口の役割も果たしていた。

民族・文化的には、台湾の先住民族の祖先は、黒潮によって北上してきた南太平洋の人々であると言われている。その人々が、台湾で北上を止めるということは考えられない。少なくとも与那国や石垣など先島の島々まで民族の移動は達していたはずだ。先島の民謡を、台湾の先住民族の人たちが聞いて理解できる、という話も聞く。

一方、有史以来形成されてきた琉球文化は日本文化の一枝に属するもので、中国からの影響は強かったものの、言語や民族としては日本に近い。一方、台湾は南洋文化の土台に漢民族文化が重なった文化構造を持っており、沖縄と台湾は、八重山・宮古諸島を一種の緩衝帯とする隣人として付き合ってきた。

こうした歴史や地理、文化面でのつながりがあるにもかかわらず、戦後、沖縄と台湾との距離が近づかなかった最大の原因は、日本の敗戦によって沖縄と台湾との間に国境線が引かれ、米軍に占領された沖縄と、中華民国に接収された台湾で、別々の戦後を歩むことになったからだ。沖縄の人々の意識は日本本土や米国に向き、台湾の人々の意識は中国大陸に向き、両者の距離は遠くなった。しかし、沖縄と台湾ほど、所与の条件が似ている場所も珍しい。どちらも東アジアの地理的辺境であり、シーレーンの要衝に位置し、日本、中国、米国の大国間のゲームに常に巻き込まれてきた。

中国における「台湾問題」と、日本における「沖縄問題」は驚くほど共通点がある。いま、沖縄でも台湾でもいわゆる「自決権」を求める世論が高まっている。どちらも独立論はそれほど力を持っていないが、「台湾は台湾」「沖縄は沖縄」という主体意識は強まっている。その沖縄と台湾が疎遠なままではあまりにももったいない。両者が深くつながり、少なくとも感情面では隣人の感覚をいま以上に取り戻すことが来る日を期待したい。

†辺野古問題で「台湾化」する沖縄

台湾と沖縄の両方を取材してきた経緯からすれば、いまの沖縄は「台湾化」しつつあるのではないかと感じることがある。沖縄の「台湾化」を論じると「沖縄が中国にすり寄っている」と考えている人からは首をかしげられてしまうかも知れないが、ここでの議論は、アイデンティティとナショナリズムという観点から論じており、政治的にどちらに近づくとか近づかないという問題とはズレがあることを断っておきたい。

沖縄の海兵隊辺野古基地建設をめぐる日本政府と沖縄県の対立で、埋め立て工事の是非を論じる法廷での闘いが福岡高裁那覇支部で始まっている。だが、この辺野古問題の主戦場は、決してこの法廷ではない。あくまでも、辺野古移設に反対する翁長県政＝「オール沖縄」体制を安倍政権が崩せるかどうか。そして、「オール沖縄」の背後にある「沖縄アイデンティティ」を、日本政府が分断し、弱体化できるかが問われている。

現在の沖縄で起きている事態は、もともと日本の一地域である沖縄が、基地問題を主な理由として沖縄アイデンティティが強化され、その自然な帰結として「ナショナリズム」に目覚め、自己決定権をいっそう求める動きになっていると考えることができる。それは、ある部分で、この二〇年あまりの民主化後の台湾で起きた変化と通じる。台湾では、「中国の一部」であるという過去の「常識」が揺らぎ、「台湾は台湾」という認識が主流化した。アイデンティティとナショナリズムは、同一ではないが、親和性はある。アイデンティティの強化は、ちょっとしたきっかけでナショナリズムの盛り上がりにつながる。

いまの沖縄でも、「沖縄は本当に日本なのか」という感覚が、本土への不信感とパラレルで広がっているように見える。沖縄の論壇では「差別」や「自己決定権」などの用語がかなり自然に飛び交っており、沖縄の現状は「台湾化」の初期段階にあると見ることはできないだろうか。

歴史的にみれば、沖縄が日本にとって「新しい領土」であることは疑いようがない。日本人にとっては「日本人であり、日本国民である」のは自明の理だが、沖縄ではそうではない。その心理を「日本人になりたくてもなれないのが沖縄人の心」と喝破したのは、沖縄県第三代知事の西銘《にしめ》順治だった。「沖縄人」とは我々が言う「東京出身」とか「九州出身」という区別より、エスニック・アイデンティティの要素を濃く持ったものだ。それは、沖縄において「ウチナー（沖縄の人）」と「ナイチャー（本土の人）」という区別の濃さを体感した人ならば分かるに違いない。

その下地の上に、沖縄は、第二次世界大戦末期の凄惨な地上戦、本土と一方的に切り離された米軍占領、復帰後も続く米軍駐留の過剰な負担といった悪条件が重なり、沖縄独自のアイデンティティを醸成する条件がさらに整えられた。二〇一四年に辺野古基地への移設反対を掲げた翁長知事を誕生させ、衆院選で反辺野古の候補を全勝させたのも、保守も包摂しえる沖縄ナショナリズムの盛り上がりだった。だからこそ「米軍基地の整理・縮小」という一点のみで結束する「オール沖縄」が可能となり、翁長県政の選挙キャンペーンの標語「イデオロギーよりアイデンティティ」に象徴的に現れた。

いまの沖縄では、独立を真剣に考える人はごく少数派だが、基地問題の解決が一向に訪れないことに苛立ち、沖縄人であることと、日本国民であることへの距離感が次第に広がっていることは間違いない。いったん深化したアイデンティティの揺らぎは確実に静かに進行していく。その政治的影響力は、投票という行為によって、必ず、政治に反映される。それは台湾で実証ずみのプロセスなのである。もちろん、今後も日本政府のオール沖縄への切り崩しは続くだろうし、二〇一六年一月に行われた宜野湾市長選でオール沖縄が自民党の推した候補に完敗を喫したように、辺野古阻止への道は険しいものだ。

日本意識も強く残っている沖縄のアイデンティティ問題がそう簡単に「台湾化」へ完全に向かうとは私も考えていない。しかし、この問題を甘く見ていると、日本はいつの日か、いつの間にか根を張った沖縄の主体意識に苦労させられるに違いない。もしその日が来たとしたら、それは台湾の主体意識に手を焼く中国の姿と重なるものになるだろう。

第五章　台湾アイデンティティ

†台湾で重視される「認同」問題

本章では、昨今の台湾にとって、最も肝要な問題であるアイデンティティの問題を考えたい。アイデンティティとは、あなたは何者なのか、という問題で、台湾では「認同《レン・トン》」という言葉があてられる。アイヌや沖縄の人々を別にして、日本人の大多数は、総称（日本人）や民族（大和民族）と国籍（日本国民）がイコールなので、日本において「あなたは何者か」という問いが成立する土壌は、今日的にはほとんど存在しない。だから、アイデンティティを各人に問う世論調査もほぼ行わない。

しかし、台湾におけるアイデンティティ問題は政治、社会、文化などあらゆるレベルで極めて重要な問題と考えられている。世論調査も政府、研究機関、メディアが活発に行っている。なぜなら、台湾ではアイデンティティにおける主要な要素である「××人」という呼称について、「(台湾人ではなく)中国人」「(中国人ではなく)台湾人」「台湾人であり、中国人でもある」という三つのタイプが併存しており、政党支持やナショナリズムの動向にも結びついているからである。

†アイデンティティとナショナリズム

歴史的な経緯を振り返ると、日本統治時代における台湾人の自治拡大運動のなかで、台湾アイデンティティの萌芽が生まれた。しかし、それは同時に「祖国」としての中国の存在を強く意識したもので、「台湾」は中国という大きな枠組みのなかのサブ・エスニックな感覚で捉えられていた。一方で、台湾社会では半世紀にわたる統治の結果、「日本人」意識を素直に持つ人々も増えていた。一九四五年の終戦時における台湾は、「台湾志向」「祖国(中国)志向」「日本志向」の三者が混在する複雑きわまりない状態にあった。

敗者となった日本が台湾から去るにあたって「日本志向」がいったん水面下に潜り、祖国(中国)志向が高まって、中華民国の接収を迎えた。当初は祖国復帰を熱狂的に歓迎した台湾の人々だが、国民党の苛烈な弾圧や圧政によって、「祖国（中国）志向」は減退し、「日本志向」が復活する形になった。一方、国民党の一党専制下の国家教育・宣伝レベルでは「祖国（中国）志向」が強く宣伝されたので、この三種類の志向性はその後も統合されることはなかった。「台湾志向」のなかに「祖国（中国）志向」の対立概念として「日本志向」が内部化されながら台湾社会に存在し続け、今日に至っている。台湾社会において「祖国（中国）志向」を持っている国民党の支持層から、「日本志向」に親和的な「台湾志向」を持つ人々の対日観に対してしばしば「媚日的」だとの批判が向けられるのは、こうした歴史的経緯から理解すべき現象である。

一九八〇年代以前の国民党政権は、台湾の人々が「中華民国」の「中国人」であるとする教育や宣伝に明け暮れた。それ以前のアイデンティティに関する統計資料は存在しない。「あなたは中国人なのか」という問いは、政治的にも許されないものだった。自らを「台湾人」と公言できるのは、海外で独立運動に従事する人たちぐらいだった。

台湾でアイデンティティ問題が顕在化するのは、一九八〇年代末の民主化の開始を待たねばならなかった。当時の総統である蔣経国が死の直前、「台湾に来て四〇年。私も台湾人だ」と語ったことは、あまりに象徴的である。そのときの蔣経国の意図は分からないが、総統が自分を「台湾人」と語り始めた時点で台湾アイデンティティというパンドラの箱が開いたということは言えるだろう。

一九九二年以来、アイデンティティ問題を追いかけている政治大学選挙研究センターの世論調査には、明確な動向が示されている。調査を始めた一九九二年の時点で「中国人」と答えた人は二五％を超えた。「台湾人／中国人」という回答者が最大勢力で五〇％近かった。この考え方は、中国人という大きな定義のなかに、地方の集団として台湾人を位置づけるものだと理解していいだろう。つまり、「中国人」派が四分の三の多数を占め、「台湾人」という回答は最も少ない一九％に過ぎなかった。

これが、二〇一五年になると一変している。「台湾人」という回答は六〇％を超え、「台湾人／中国人」が三三％、「中国人」はなんと三％ほどになってしまった。アイデンティティの、これほど劇的な変化は世界のどこを探しても見つからないかもしれない。この変化は不可逆的に進んでいると見られ、若い世代が増えるたびに「台湾人」派は今後も拡大し、現在の四〇〜六〇代を中心とするとされる「台湾人／中国人」派は縮小し、高齢化が進んだ外省人第一世代を中心とする「中国人」派は彼らの寿命が尽きると共に限りなくゼロに近づくだろう。台湾におけるアイデンティティ問題は「勝負がついた」のである。

†不可逆的な「台湾人」派の増大

こうした台湾アイデンティティの変貌があるので、最近、私は台湾の人々と話していて「あなたたち中国人は」という言葉を使わなくなっている。「いやいや私は台湾人だから」と返されるか、何も言わずに内心で「この人は台湾のことを分かってない」と思われるからだ。それは日本人が外国で、中国人や韓国人と間違えられたら、「いいえ、私は日本人です」と、素直に修正を求める感覚に近いかもしれない。

この状況は台湾で「本土化（あるいは台湾化）」という言葉で表現されている。台湾を、自分たちがよって立つ土地と考える。日本人には不思議に思えるかもしれないが、一九八〇年代以前の台湾における政治や教育が台湾を中国の一部であると強調し、台湾への郷土愛を奨励しなかったことからすれば隔世の感がある。

かつての台湾の教科書は「中国化」を念頭に、中国大陸の地理や風土を紹介する内容が中心を占めた。中国の北京から上海までの駅名、中国の高い山や長い河のランキングなども覚えさせられ、台湾のことはほとんど学ばなかった。

台湾に暮らしていたとき、私はできるだけたくさんの土地を訪れることにしていたので、すべての県や市を訪ね、島々を巡った。そうした体験を台湾の友人たちに話すと、四〇歳から六〇歳ぐらいまでの人からは「そんな田舎に行ってどうするの？」という反応をされたものだ。小さな台湾なのに、台北、高雄などの大都市以外には行ったことがなく、アメリカや日本には何度も行っている人が多かった。「中国化」が社会全体を包んでいた時代背景と関係しての台湾軽視だったのかもしれない。しかし、いまの若者たちは全く違う。一九九〇年代までは台湾で各地方の詳細なガイドブックを探すのに大変苦労したのに、最近は台南や宜蘭、花蓮、台東など地域別に書かれた分厚い本が目白押しで、台湾社会の隅々まで知りたい、行きたいとの欲求が浸透している。

†民主化とパラレルに進んだ本土化

台湾ではそんな本土化が、政治の民主化とパラレルに進んだ。民主化は制度変更だが、本土化は台湾出身である本省人の登用、台湾語の広がり、台湾的なるものが愛されるようになる、そんな一つ一つの現象が大きな河の流れになるようなものである。民主化が本土化を刺激し、本土化が民主化に勢いをつけた。四年に一度の総統選は民主化の結果であり、その総統選で本土化に沿った政治活動や言論が広がり、政治家はさらに本土化を民主制度の枠内で進めていく。その循環は自己完結しており、中国にすら「台湾問題は、台湾の内部要因によって決まるもので、大陸や両岸関係とは関係していない」と言わしめるもので、いわば「民主化と本土化のデュエット」を、この三〇年間、我々は台湾から聞かされ続けてきているようなものである。

私は二〇一五年に『認識・TAIWAN・電影　映画で知る台湾』という本を日本と台湾で出版したが、そのことは、二〇〇五年から二〇一四年までの一〇年間で、台湾の映画に本土化現象が現れていることを分析している。例えば二〇〇七年の「練習曲」という映画は、若者が台湾を自転車で一周するシンプルな内容なのに、若者のあいだに大ブームを巻き起こした。映画のテーマは「台湾理解」であるが、どうして台湾人が台湾理解のプロセスに心を動かされるのかを考えると、それは、台湾の人々が、自分たちの本土化を映画によって追体験しているのだという見解に達した。ほかにも二〇一二年に「看見台湾」というドキュメンタリー映画が公開上映されたのだが、空撮によって台湾の風景を一時間半にわたって撮影したシンプルな内容なのに、台湾の人々はその美しさに震え、環境破壊に涙して、一億台湾ドルを超す、ドキュメンタリーとして異例の大ヒットになった。これらはいずれも本土化と結びつけなければ解釈不能な現象である。

本土化は台湾政治に巨大なインパクトを与えた。選挙は何といっても多数獲得のゲームだ。台湾意識が主流化した本土化社会では、何ごとにも「台湾」を強調していることを印象づけなければ、選挙に勝利できない。そのため、選挙ではどの候補者も「愛台湾」を連呼する。台湾の価値を矮小化するような発言をすれば、選挙民から袋だたきにあってそっぽを向かれる。それは、外省人中心の政治勢力が根強い国民党も無視できない政治的現実となり、台湾政治を根底から変えていった。

†現状維持の意味

しかし、この「本土化」と一見、相矛盾する現象がある。それは、世論における「現状維持」に対する圧倒的多数の支持である。総統に当選した蔡英文も選挙前は現状維持を彼女の対中政策に掲げた。一方で、民進党は党綱領に将来の独立をうたっている政党である。台湾が独立するならば、民進党が選挙で圧勝したいまがチャンスではと思う日本人もいるかもしれない。しかし、世論調査では「現状維持」の支持は、なお圧倒的に高い。台湾の人々の心の中は、いったいどうなっているのだろうか。

現状維持の意見に関する客観的なデータを見てみたい。台湾の新聞「聯合報」が二〇一六年三月に行った世論調査では、「すぐに独立」「先に現状維持をしておいて、後に独立」「永遠に現状維持」「先に現状維持をしておいて、後に統一」「すぐに統一」という五つの選択肢を示している。これはこれでよく考えられた選択肢の立て方だと言える。

その結果は以下のようなものだった。

「すぐに独立」一九％
「先に現状維持をしておいて、後に独立」一七％

「永遠に現状維持」四六％
「先に現状維持をしておいて、後に統一」八％
「すぐに統一」四％

ここからはっきり読み取れるのは、以下のことだ。

・現状維持派が七一％という大勢力であること。
・非統一派が八八％という最大勢力であること。
・独立も統一も、当面の選択肢にはないこと。

私としては「先に現状維持をしておいて、後に独立」が実感としてもう少し多いかなと感じた。「永遠に現状維持」の四六％という多さにも通じるが、中国の大国化という事態を受けて、台湾の将来を描きにくくなっていることとも関係しているのかもしれない。

台湾で対中関係を担当する行政院大陸委員会が長年にわたって行ってきた統一・独立問題に対する調査も見てみたい。二〇一五年一一月の結果は以下の通りである。

「現状維持のあとに決定する」三七・五％
「永遠に現状維持」二七・五％
「現状維持のあとに独立する」一九・二％
「現状維持のあとに統一する」九・三％

「できるだけ早く独立する」四・六％
「できるだけ早く統一する」一・五％

この結果でも、現状維持派は圧倒的な最大勢力であり、独立派は二割を超える程度で、統一派は一割にとどまっている。この傾向は、基本的にこの一〇年ほとんど変わっていない。逆に言えば、政治家は「現状維持」をそれぞれの言葉で語っていかなければ、当選はおぼつかないというのが現実的な判断である。

さらに深く台湾人の心理をのぞきこんでみると、米デューク大学による「対中関係について台湾人の『条件つき選好』」という調査があり、二〇〇三年から二〇一四年まで、継続してデータを取ってきている。そこでは「中国が台湾を攻撃しないなら、独立を支持する」という回答がこの一二年間、常に八〇％という回答者の支持を得ており、現状維持はあくまでも「消極的な選択」であることが浮かび上がる。自由に選べるなら独立を選ぶというのが台湾の人々のマジョリティの意見であろう。しかし、誰の目からみても、それは実現不可能な選択肢であるので、「現状維持」を選んでいるのだ。この点を理解しておかなければ、台湾における現状維持政策の本質を見失うことになる。もちろん、現在の国際情勢に鑑《かんが》みれば、米中の二大大国が事実上そろって求めている現状維持を選んでおくメリットが大きい、という現実的判断が働いていることは言うまでもない。

ただ、現状維持政策によって、政治は固定化できても、人心は固定化できない。台湾社会における台湾意識の強化は、現状維持という枠組みのなかで静かに、だが着実に進行している。よく「時間の経過は中国と台湾、どちらに有利か」という質問を受けるが、私は「台湾に有利だ」と答えることにしている。台湾アイデンティティの意識と、それがもたらす選挙結果が、台湾にとって、中国の統一に抵抗する安全保障であるからである。

台湾で民意を表明する手段は、四年に一度の総統選だけでなく地方選挙なども含めれば、毎年のように用意されている。ひまわり運動のように、政権側の対中政策に問題があれば、すぐに意思表示が行われ、政権の動きを止められる。

その民意については、中国も有効な介入の手段を持たない。台湾の人々の台湾意識は、この二〇年で基本的に継続して次第に高まってきたが、中国側は事実上、打つ手がなかった。一方で、中国の経済はこの二〇年で大きく台湾を越えた規模になり、台湾に与えたインパクトも確かに大きかった。台湾意識の高まりが二〇〇〇年の陳水扁政権を誕生させ、中国の台頭が二〇〇八年に馬英九政権を誕生させ、そして、再び、台湾意識の壁が国民党の長期政権化を阻み、蔡英文・民進党政権を誕生させたと言えるだろう。

中台の軍事バランスはすでに大きく中国側に傾いており、経済的にも台湾の実力は中国に遠く及ばない。台湾に残されたのは民意しかない。しかし、この民意こそ、実は、台湾を守る最も強力な「盾」になっているのである。

†もう一つの盾、中華民国

ここでもう一つ、台湾の「盾」について考えてみたい。それは中華民国である。中華民国は、台湾の現状維持のための盾になっているのだ。

台湾における中華民国体制は、本来は亡命政権であり、外来政権であると言うことができる。時間の経過とともに「克服」されてしかるべきものだ。ところが、それが逆に台湾を守ることになるということを私に語ったのは、馬英九の第一の側近であり、駐米代表や国家安全会議秘書長などを歴任した金溥聡という人物だった。

二〇一一年、金溥聡が国民党の党秘書長として日本を訪問した際、目黒のホテルでロングインタビューを行った。そこで、金溥聡はこんなことを私に話した。

「中華民国は、台湾の護身符です」

護身符とはお守りのことだ。なぜ、中華民国が台湾のお守りなのか。その言葉の意味を考えるところから、私は中華民国の今日的意味を意識するようになった。そして、たどり着いたのは、「大陸反攻を放棄し、台湾化した中華民国は、台湾の人々にとってはもはや『克服』すべき対象ではなくなりつつあるかもしれない」という認識だった。

中華民国は、辛亥革命で清朝を倒したときに建国された国の名前である。本来、台湾とは関係がない。蔣介石や蔣経国が総統だった時代に「中国人」と自らを呼んでいたのは、「中華民国人」としての中国人だった。では、現時点での台湾の人々は中華民国を捨てたがっているのだろうか。アイデンティティの強化によって目覚めたナショナリズムは「台湾国」の建国を求めているのだろうか。その答えは、イエスであるとは言えない。

台湾についての中華民国という表記は、日本では、大陸の中華人民共和国と国交を結んで以来、公式の場では使われなくなり、我々メディアもかつては一切使用せず、現在もカギ括弧つきで使用するのが通例だった。日本人には縁遠い言葉に思える。しかし、実態として台湾の人々は中華民国憲法のもと、中華民国総統を選び、中華民国の身分証とパスポートを持って暮らしている。政治体制としては中華民国がしっかり生きている。

中華民国体制は本来、中国大陸も台

馬英九の第一の側近だった金溥聡（著者撮影）

湾もその領土に含まれることを前提としている。一方、中国側は、中華人民共和国的な「一つの中国」を掲げている。この点で中国は譲ることはないが、台湾が中華民国的な「一つの中国」を捨てないことは、逆に評価するようになっている。台湾独立こそが、中国にとっては、いま真っ先に抑え込む相手だからだ。つまり、時代の変化によって、中国の主要な敵は、中華民国から、台湾独立に変化したのである。そのなかでは、中華民国憲法が維持されることで「一つの中国」が台湾で生き残っている限り、中国は安心することができる。

このロジックを、馬英九は存分に利用した。二〇一五年一一月に行われた習近平・国家主席との中台トップ会談で、馬英九はこう述べた。

「中華民国憲法は、二つの中国、『一つの中国、一つの台湾』、台湾独立を許していない」

この言葉はまさに中国が聞きたかったことなのだ。馬英九は、それを中華民国憲法の枠内で、中国に伝えた。この点については、台湾内のいかなる勢力も、批判しにくい内容になっている。中国の攻勢を、中華民国を盾にかわしつつ、台湾の主体的な立場を守ることになり、前述の金溥聡の「護身符」という言葉が実行されているのである。

†総統選でもイシューとなる中華民国

二〇一六年の台湾総統選では、中華民国に対する姿勢をめぐり、国民党、民進党の両候補者が舌戦を繰り広げた。虚構のようにすら思える中華民国が、どうして台湾選挙のイシューに浮上するのかといえば、中華民国を守らない人は、中国を怒らせ、台湾を危うくするというロジックが、ある程度、説得力を持つようになったからだ。

国民党の女性候補である洪秀柱の出馬資格を取り消し、新たな総統候補になった国民党の朱立倫は、反撃の狼煙《のろし》として、こんな話をした。

「蔡英文が当選したら、将来、憲法改正して中華民国の国名を変えてしまうかもしれない」

これに対し、蔡英文は、いささか含蓄のある言葉で、こう反論した。

「民進党は台湾とイコールではなく、国民党は中華民国とイコールではない」

これは、民進党イコール台湾本土化の擁護派ではなく、国民党イコール中華民国体制の擁護派ではない、という意味だ。民進党もまた中華民国体制の担い手であることを言外に示したと受け止めていいだろう。何しろ、蔡英文が立候補しているのは中華民国総統を選ぶ選挙なのである。

しかし、朱立倫は攻撃の手を緩めず、こう述べた。

「国民党の国家への定義ははっきりしている。中華民国を守ることだ」

現在の中国は「台湾が独立を推し進めない限り、台湾の政治体制とは平和的な関係を維持していく」というスタンスを取っている。これは、馬英九政権下で中台関係を結ぶキーワードになった「九二年コンセンサス」につながるところだ。

二〇一六年選挙で民進党の選挙戦優勢を見て取った中国は、「民進党が九二年コンセンサスを遵守することが対話の基礎になる」と踏み絵を突きつけた。九二年コンセンサスとは、中国と台湾がお互い一つの中国を否定しないことを信頼関係の基礎に、一つの中国がそれぞれ同床異夢であることはあえて問題視しないというアプローチである。蔡英文が掲げた「現状維持」にも中華民国体制の維持が含まれている。米国を訪問した蔡英文は、中華民国体制の枠内にとどまる、という話をして米国を安心させた。対中関係においても、対米関係においても、中華民国体制を否定するメリットがいまの台湾にはない、ということになる。

蔣介石・蔣経国の時代は、中華人民共和国と中華民国が生き残りをかけたゼロサムゲームを展開していたので、中華民国は危険なカードでもあった。しかし、民進党の台頭によって「一つの中国」を否定しない中華民国は中国にとって付き合いやすい相手になり、中華民国をめぐる戦略的構図が一変したのである。

過去の台湾では、台湾独立派は中華民国を否定して「台湾共和国」の建設を目指し、民進党も党綱領に台湾独立を掲げる一方、国民党は中華民国体制の忠実な保護者である、という対立軸があった。同時にそれは、中国ナショナリズムと、台湾ナショナリズムの深刻な対決でもあった。

二〇〇〇年の総統選で勝利した民進党は、本来台湾ナショナリズムの担い手であるはずだったが、中華民国の総統であるという自己矛盾から抜け出すことはできなかった。陳水扁総統は台湾のいろいろな団体名や地名からできるだけ中華民国を削り、台湾に変えようと試みたが、対中関係のみならず、対米関係まで悪化させ、台湾を国際的孤立に追い込んだ反省は、民進党自身に刻まれている。

その後、二〇〇八年に登場した馬英九政権は、中華民国体制の維持を強調して「一つの中国」の枠内から外れないことで中国を安心させて中台関係を安定させ、トラブルメーカーの印象を払拭した。

†中華民国体制の維持は李登輝の発明

ただ、これは馬英九の発明品というわけではなく、この中華民国体制を維持しながら中国と微温的な関係を維持していくアプローチは、すでに一九九〇年代に李登輝が打ち出したものであり、その理屈は「すでに台湾は独立した主権国家である。国名は中華民国と言う」というものだった。

李登輝を中国は「独立派の頭目」などと批判するし、台湾独立のリーダーのように日本社会では見られる向きもあるが、実態は「事実上独立している状態を維持するために中華民国という政体を利用する」という現実的な姿勢だった。その意味で、馬英九路線は、李登輝路線の継承であったと言える。長期的には別にしても、五年、一〇年のレベルでは、「台湾化した中華民国」という体制は、台湾全体にとっても有用度があり、今回の選挙で中華民国という旗の奪い合いが起きたのも、そのことを物語っている。

もちろん、中華民国に対する考え方は、細かくみれば台湾のなかでも分岐している。馬英九や、総統候補から引き摺り下ろされた洪秀柱の支持者は、「中国アイデンティティを捨てない中華民国派」だが、立法院長だった王金平などの有力者は、中国との統一にはそれほど強い興味がない「台湾アイデンティティを持つ中華民国派」に属する。総統候補だった朱立倫はいま一つよくわからないので留保しておきたい。

一方、民進党でも蔡英文などの指導層は「台湾アイデンティティを持つ中華民国派」のスタンスを取っている。ただ、党内外にいる独立派の人々は「中華民国解体派（独立派）」だ。結局のところ、世論の主流が「現状維持」である今日、「台湾アイデンティティを持つ中華民国派」が「現状維持」のマジョリティを摑むようになった。国号を変更する台湾独立は、現状維持の方向に反するので、その理想は肯定されはしても、政治選択の対象としては人気がない。

このことはアイデンティティとナショナリズムの関係で非常に興味深い現象だと言える。というのも、もともと台湾アイデンティティは、中華民国による中国アイデンティティに対抗する形で育ってきた。しかし、いまの台湾アイデンティティは、中華人民共和国に対抗するものであり、中華民国は相手にしていない。それは、すでに台湾化した中華民国は敵ではなく、対抗する意味を見いだせなくなったからだ。台湾において、台湾化した中華民国が、台湾ナショナリズムの受け皿になりつつあるとも言える。

中華民国を維持した形での台湾独立を肯定する考えは「華独」と呼ばれている。「台湾独立」ではなく、「中華民国独立」という意味だ。台湾の独立状態を維持する立場でもあり、独立を宣言するわけではないので、中国も米国も文句の言いようがない。「華独」が生むのは「一中一台」ではなく、「二つの中国」なのである。ただ、中国に向けては「一つの中国は捨てていない」と言っておけばいい。だから「華独」は一見、いまの台湾にとってたいへん合理的かつ安全な政治選択のように見える。過去には「独台」「B型台独」「国独」などいろいろな呼び方があったが、最近は中華民国の利用価値が強調されているせいか「華独」をよく見かけるようになった。

†天然独の台頭

一方、台湾の世論がひたすら国際情勢に適応していくための現実的な意見でまとまっているのかといえば、必ずしもそうではない。民主化が始まってから三〇年、「現状維持」を望みながら、内部で刻々と変貌してきた台湾は、今も昔も変わらない。

新しい台湾の鍵となる勢力が「天然独」(一部で自然独ともいう)である。天然独は「生まれながらの独立派」という意味になる。台湾では二〇一四年夏ごろから議論が活発になった。天然独勢力の理論的リーダーで台湾の中央研究院副研究員である呉叡人は、私の古い友人でもあるが、先日、食事の席で天然独の定義についてこんな風に説明していた。

「台湾以外にアイデンティティを感じられない若い人々です」「彼らは私たちのように〝転向〟を必要としません」

いまの台湾で七〇年代以前に生まれた四〇歳以上の人々は、国民党の「中国化教育」を受けた。陳水扁も蔡英文も呉叡人もそうだ。彼らが台湾意識を持つには、教育で植え付けられた中国意識を、自主的かつ意識的に打ち捨てるプロセスが必要になり、それを呉叡人は「転向」と呼んでいるのである。だから、呉叡人たちの世代は「天然独」ではなく、「転向独」ということになる。蔡英文も陳水扁も「転向独」のカテゴリーに入る。

さらにその前の世代は、国民党の専制政治を嫌って台湾から国外に逃亡し、独立運動を立ち上げた「老台独」という人々であり、彼ら老台独の主張は「法理台独」と呼ばれる。サンフランシスコ講和条約で日本は台湾を放棄したが、帰属先は明言していなかったので、中華民国に台湾を継承する権利はない。よって台湾は独立することができるという考え方で、法理論的に独立論を打ち立てている。一方、天然独を極論すれば、理論はなく、ごく自然に、台湾は独立している、または独立すべきである、なぜなら台湾は台湾だからだ、と考える人たちである。

「天然独」は、生まれながらに台湾アイデンティティをもつ若者たちのこと（著者撮影）

†若いほど増える独立の支持層

台湾の中央研究院社会研究所中国効応テーマ研究小組が二〇一四年に行った調査によれば、青年世代（二〇～三四歳）のなかで独立の支持者は五六％に達する。壮年世代（三五～四九歳）は四六％、中老年世代（五〇歳以上）は四一％と少なくなる。全体の平均値は四六％。若い世代が突出して高い。独立への支持が台湾全体でなだらかな増加傾向にあるのは、世代が進むたびに、独立否定派が消え、独立肯定派が生まれる自然増状態にあるためと見られる。上の世代になるほど、中国を祖国と考える傾向は強い。だが、若い人たちには中国への祖国意識がほとんど皆無に等しい。

二〇一四年三月に起きたひまわり運動の現場を訪れたとき、学生たちが使っている伝言板に目が止まった。運動参加者が思い思いの考えを書き込むコーナーになっており、書き込みのほとんどが「台湾独立」だった。

台湾では元来、「台湾独立」はもっと暗い響きを持っていた。「台湾独立なんて危ないことは、常識のある人は言うものじゃない」という世間的な皮膚感覚があった。しかし、ひまわり運動の参加者のような高学歴の若者たちは、気負いも引け目もなく、ストレートに明るく独立を語っていることに、私は衝撃を受けた。彼らは容易なことではないと知りつつ、理想と理念として、独立を心から素直に求めているのである。

このことを、反対の国民党陣営から鋭く論じたのが陳長文という人だった。法律家・弁護士で、馬英九のハーバードの先輩でもあり、アドバイザーでもある。陳長文は新聞のコラムで、ある学生との議論を振り返って語っていた。

ある学生が陳長文と台湾政治について議論を交わした。学生は陳長文にこう述べた。

「国民党は反台湾独立です。台湾独立は信仰ですが、反台湾独立は信仰ではありません。信仰であってはじめて他人を説得でき、信仰はパワーを生みます。信仰と非信仰の対決では、どうあっても信仰の方が強いのです」

その言葉を聞いた陳長文は、こう考えたそうだ。

「私は、どうして国民党が若者の共感を得にくいのか、ふと気づいたのです。それは組織のレベルの問題ではなく、思想のレベルの問題だということに」

私も、この文章を読み、自分のなかでもやもやしていたものが吹っ切れた気分になった。これは理想主義と現実主義の対決なのである。馬英九や国民党が語っていることは、平たく言えば、中国は怒らせるよりも、喜ばせて仲良く付き合っていったほうがいい、そうしていれば、いろいろメリットもあるし、世界からも嫌われなくてすむ、という話だ。

国民党のベテラン政治家で日本とも付き合いが深く、同時に台湾の対中窓口機関のトップも務めた江丙坤は、かつて、私との取材でこう語っていた。

「国民党と民進党の最大の違いは、国民党は経済優先で、民進党は政治優先。国民党は現実主義で、民進党は理想主義。中国と付き合うのが国民党で、中国から離れたいのが民進党。しかし、理想主義で中国から離れようとしたら中台関係は安定しない。中台関係が安定しないと国際社会で孤立してしまう」

説得力のある分析であり、当時は台湾の人々が選ぶのは民進党ではなく、国民党であることが理の当然である路線にも思えた。しかし、この考え方は、政策判断として合理的かもしれないが、台湾や台湾人の未来について一切の判断を示していない。ただひたすら「現実的に生きろ。中国と仲良くやれ」と大人の目線で上から語りかけているに過ぎない。

しかし、どう生きるかを考えるときに、現状維持という言葉によって人を感動させられるかといえば、ため息は出るが、感動はゼロである。そんなもので、若者は動かせない。だから国民党は若者の支持を失っていくだろうと、陳長文は予言していた。

民進党は、台湾独立を理想としながら、それをあいまいにして、「条件つき、現在ではない台湾独立」を目指しながら、当面は中華民国という枠組みを、最大公約数の選択として認めている。もちろん、この考え方も、決して「信仰」ではなく、現実的な判断だ。しかし、未来に対して、何らの理想や信仰を示せない国民党に比べて、民進党は「いずれは独立を」という本音を持っていることを誰もが認めているだけに、「天然独」の人々の選択肢になりうる資格は、国民党より備えていると言うことができるだろう。

†ひまわりにつながった野いちご

天然独と政治との結びつきは、どこから生まれたのだろう。最初はあまり目立たない一つの細い流れが、最終的にひまわり運動という大きな流れに成長していく過程でもあった。もちろん「中国」という存在抜きには語れない。「中国」という存在が目前に迫ってきてはじめて、若者たちは、自分たちの「内なる台湾」に気づいたと思えるからだ。

二〇〇八年、中国の対台湾窓口機関である海峡両岸関係協会（海協会）の陳雲林会長の台湾訪問に対するデモがあった。このとき、多くの若者が初めて、中国に向き合う形で、デモに参加したという。宴会会場になった台北のリージェントホテルや、陳会長の宿泊先であった円山飯店を若者たちが包囲して、一時陳雲林が動けなくなる事態に陥った。台湾にいた私もデモの取材をしていたが、若者たちが警官隊に投げた、糞尿を詰めたペットボトルに直撃され、体中が臭くなって、大変な目に遭った思い出がある。この運動は「野いちご運動」と呼ばれた。

その後、運動は表面的には収束したように見えたが、野いちご運動に参加した若者たちが、その後、台湾でたびたび起きた反中国関連運動のなかで活躍し、運動としての技術やノウハウを習得していったという。

二〇一二年、中国で事業展開する旺旺という製菓会社に「中国時報」など台湾のメディアが買収されたときの反対運動のグループのなかには野いちごの経験者が多数いたと言われる。このデモも見に行ったが、象徴的であったのはデモ隊の最後に「台湾国」のプラカードを掲げた伝統的な独立派団体が加わっていたことだ。前を行く若者たちとは明らかな距離があった。「台湾国の国旗を掲げよう」というタイプの主張で、若者たちが訴える「言論の自由」「メディアの自主性」といったプラカードとは見るからに温度差があった。

台湾で独立を掲げる「老台独」と、「新台独＝天然独」との世代交代は、いまから考えると、馬政権の進めた中台交流の足元で着実に進み、それが二〇一四年のひまわり運動で一気に顕在化したと言えるだろう。

もともと台湾における独立論は、前述のように法理論上の台湾独立「法理台独」であり、台湾が独立する論拠として、中華民国の台湾領有に合法性が欠けており、中華民国を廃止することで独立を成し遂げることを目指した。日本の敗戦で台湾を接収したのは中華民国だが、あくまで連合国の一員として接収したのであり、帰属まで決められたわけではなく、サンフランシスコ講話条約でも台湾の帰属は言及されていない。つまり、台湾の地位は戦後未確定である。そこを立脚点に独立の正当性を立証するものだ。

しかし、いまの天然独は、こうした法理には無頓着だ。彼らは、そんな法律論で論証せずとも、台湾は台湾で、独立していると確信している。そこには一九九〇年代以降の民主化により、事実上中国大陸と切り離された場所で自己決定権を行使してきた環境が育んだ感覚が強く反映されている。

†中国にとって頭の痛い天然独

これは中国にすれば二重に厄介なことである。かつての中国は中華民国の消滅を願ったが、いまは中華民国の憲法があることが、中台が「一つの中国」で一致していられる絆となっている。現在の独立勢力が中華民国を否定しないのであれば、表面上は一つの中国を守りつつ、内実は限りなく独立に近づいていき、中国はその流れを阻止する方法が、実行不可能な武力行使以外になくなる、という隘路に追いこまれてしまう。

民進党の総統に当選した蔡英文は二〇一四年の党大会を控え、台湾独立をうたった党要綱を凍結するかどうか、党内で議論したとき、天然独の台頭を念頭に、こう語って凍結論を葬り去った。

「台湾の民主化の進展に伴って、台湾に思いを寄せ、独立した自主的な価値観を堅持することは、若者世代のなかで天然成分になっている。このような事実、このような状態のなかで、なぜ凍結を？　なぜ廃止を？」

従来の台湾独立は、国民党と外省人を対抗軸にしていたが、この天然独の台湾独立は、台湾の主体性を否定するものすべてに敵対している。その相手は中国でもあり、国民党の一部でもあるし、民進党と敵対することもある。だからこそ、蔡英文は、台湾独立要綱の凍結への反対によって、この天然独の取り込みに踏み込んだし、国民党は天然独との結合点を今日まで見いだせないでいる。

ひまわり運動の勢力を中心に結党された新政党「時代力量」は、その結党の精神について「天然独こそ、時代力量の結党DNA」と語っている。

かつての台湾独立は、現状の否定から運動を始めた。中華民国を否定し、外省人を否定し、蔣介石を否定した。しかし、天然独は、台湾を肯定するいかなる者も否定しない。彼らは台湾が台湾であるということに、ナチュラルな確信を持っているからだ。

ただ「天然独」は何の媒介もなく生まれわけではない。私の考えでは、台湾の本土化という土壌に、中国という肥料を撒いたら、天然独の果実がたわわに実った、というイメージである。つまり、中国が台湾社会に入ってこなければ、天然独はここまで育たず、ひまわりは咲かなかったのである。

前段で、台湾独立は信仰である、という話を紹介したが、信仰という言葉は理想と書き換えてもいい。いま、国民党にはその理想はない。台湾独立に取って代われる信仰（理想）は、中国の習近平政権が掲げる「偉大なる中華民族の復興」ぐらいではないだろうか。ただ、台湾の人々が、中華民族の一員として、中国と一緒に民族の復興を果たそうという理想に共感できるかどうか。いまの台湾の人々は「中華民族の復興」という「中国の夢」

からますます遠いところに向かっているようにしか見えない。

だが、これを食い止めなければ、中国は「統一の大業」を成し遂げられない。二〇一五年一一月に習近平と、馬英九による中台トップ会談が実現した理由の一つには、この天然独世代の台頭にそんな危機感を抱いた中国が、馬英九政権である間に、親密な中台関係の「固定化」を目指したことが大きかったのではないかと、私は考えている。

繰り返しになるが、天然独の成長は、中国の台頭と無縁ではない。自分を相対化する対象があって初めて、アイデンティティの模索が始まるのは、世界のほかの場所でも起きている。香港では一九九七年の香港返還のときは、自らを中国人であると考える人々の割合は三〇％を超えていたが、二〇一四年の雨傘運動のときには一〇％以下に落ち込んだ。それは、運動だけによって変えられたのではなかった。普通選挙を求める香港を中国が抑え込みにかかるほど、また、中国人が香港のミルクを買い占めるほど、中国人ではなく、香港人であろうという「独」の養分が注がれたのである。

天然独には、イデオロギーはない。感性がその行動の基軸になっている。「台湾（私は）は中国（中国人）ではない」という感性だ。香港の街頭デモの若者たちが叫んだ言葉「Hong Kong is not China」という言葉との印象的な共通点だ。

感性が中心で、イデオロギーがないので、絶対に相容れないような「仮想敵」もない。

かつて、台湾独立勢力の仮想敵は、伝統的な外省人中心の国民党であり、国民党の対立軸であった中国共産党だった。天然独には、このような絶対的な「仮想敵」は存在しない。そのかわり、天然独の設けたボトムラインを超える条件に合致したとき、対抗行動を発動する「実在敵」になる。それは、対中接近を急激に進めようとした馬英九政権であったし、台湾に対して「一つの中国」を決して手放そうとしない中国でもある。もしも中国が民主国家に生まれ変われば、少なくとも中国が今日のように天然独から敵視されることはないだろう。天然独は、良く言えば臨機応変、悪く言えば、根本思想のないなかで、「台湾は台湾」という感性によって相手を見極めて、行動を決めているように見える。

第六章

例外と虚構の地「台湾」

†現れては消える中国の影

台湾は「例外と虚構の地」である。台湾の面白さはそこにあり、難しさもそこにある。例外であるがゆえに、何を語るにしても、くどくどと前置きをして説明しなければ、うまく伝わらない。虚構であるがゆえに、リアリティを表現しづらい。だから、台湾の文章を書くことにおいて、当事者にしか分からない独特の難しさがある。

台湾政治に精通する政治学者の松田康博が論じているように、台湾が「例外国家」である理由の一つは、国家としての体裁を保ちながら、世間に通じている一般的な前提が使えないからである。日本と台湾とは、国対国という国際関係の基本である前提がうまく通じない。中国と台湾の関係も、二国間関係ではなく内戦状態にあるという。しかし実際には戦争をせず、巨額の貿易を営み、多数の人間が往来し、投資や観光も活発に行われている。

国際スポーツの大会にも、台湾は「チャイニーズ・タイペイ（中華台北）」という、なんだかよく分からない名称で出場している。会場で台湾の人々が振っているのは中華民国の国旗だ。そして、「台湾、加油（がんばれ）！」の叫び声。だれも「中華民国、加油」とか「中華台北、加油」と叫ばない。例外のうえに例外が重なり、さらにふりだしに戻る、のような感じで、台湾って、一体なんなのさ、と内心つぶやく瞬間である。

台湾自身の中にも虚構が存在している。それは台湾のなかの中国だ。「台湾は台湾」という台湾アイデンティティ優勢の時代にあって、政治も企業も大衆も、台湾と中国を別個のものとする生活を営んでいる。しかし、台湾のなかに虚構としての「中国」はいまもしっかり食い込んでいて、普段はみんな気づかないフリをしていられるほど何ごともないかのようだが、私のような外国人からすれば、実に不思議な世界に思えてしまう。

台湾における「中国」は、虚構の世界に漂う蜃気楼のようなものかもしれない。しかし、その虚構が台湾の命運を左右する政治的重要性を持っていた時代があった。台湾が「我こそ中国」と叫んでいた時代だ。「我こそ中国」と叫ばない時代になっても、虚構はなお台湾という土地から消えようとしない。ときどき重要な局面でふっと表舞台に浮かび上がり、また視界から消えていく。そして、その虚構は台湾を例外の世界に縛りつけている。

†かなわなかった大陸反攻

台湾に撤退した蔣介石は、中華民族は一つの国家を形成すべきであるという大前提に立ち、中華民国が中国の正統政権であるとして、大陸をいつの日か共産党から取り戻すことを目標に掲げた。大陸反攻政策である。「一年準備、二年反攻、三年掃討、五年成功」と言っていたが、そうはならなかったので、虚構が必要になった。

台湾は中国三五省のうちの一省（台湾省）とされ、学校で使う「中華民国地図」にも中華民国全図という三五省が載ったものが使われた。独立前の外モンゴルも入っており、シュウカイドウ（秋海棠）という植物の葉に似ていることから「秋海棠地図」と名付けられている。ちなみに、外モンゴルを抜いた地図はニワトリに似ているので「老母鶏（ニワトリ）地図」と呼ばれる。

少し脱線するが、台湾にはモンゴルとチベットを専門に管轄する「蒙蔵委員会」という省庁があり、主任（部長級）も任命されている。そこが年に一度、チンギス・ハンの命日をお祝いするお祭りを開くので、一度、好奇心で参加したことがあった。台湾にいる外省人系のモンゴル族の人たちが集まっているのだが高齢者ばかりで、なんとも言えない不思議なイベントになっていた。これも台湾で細々と生きる虚構である。

この三五省には熱河省とか松江省など、細分化された東北三省あたりを中心に、現在の中華人民共和国でも存在しない省がいくつも含まれている。以前は台湾の子供はこういう省の名前まで試験のため覚えさせられていた。地名というのは、どのような土地であるか、最低限の実感がなければ容易には覚えてはいられないから、子供たちも大変だった。

中国大陸の側も、台湾が中国の一部であるという意味ではこれもまた一つの虚構を今日まで持ち続けている。虚構は「国家方針」という風に言い換え可能だが、「一つの中国」は国際社会に対する虚構の強制、とも言えるだろう。ただ中国政府が大陸部分をすべて支配している以上、虚構の程度でいえば、台湾のほうがはるかに虚構度は高い。

†虚構を体現する金門島

その虚構としての「中国」を明瞭に体現している場所のなかで、私が最も好きだったのが金門島という島だ。台湾海峡で限りなく中国大陸に接近した場所にある。私は、かつて金門の対岸にあるアモイのアモイ大学に一年間留学したことがあるが、アモイ大学は山の上にあったので、晴れた日には金門まで見渡すことができた。当時はアモイから金門への渡航はできなかったので、金門とはどんなところだろうかと、日々想像を巡らした。

金門島は日本の四国によく似た形で、中央に大武山という海抜二五〇メートルほどの山があり、その東西南北に海へつながる平野が広がっている。現在の人口は七万人。戦前には日本が占領した時期もあった。南洋華僑の輩出地としても有名で、シンガポールやマレーシアには金門人の会館があちこちにある。特に産油国のブルネイでは金門華僑が多数派を形成している。刻苦勤労が金門人の特色であるとされ、島のあちこちに、南洋で稼いだ金門華僑が建てた、西洋と南洋と中華の建築方式が融合した洋館が建っている。

金門コーリャン酒が名産で、台湾本島や中国大陸でも人気が高い。この酒のおかげで金門は豊かな財政を維持し、教育費はほとんどタダ。毎年、コーリャン酒を製造する金門県政府から日本円にして一〇万円ほどのコーリャン酒の引換券が各家庭に配られる。人々はその引換券を業者で換金できるので、家計の足しやちょっとしたお小遣いになる。いろいろな意味で暮らしやすい島になっており、最近は台湾から移住してくる人も少なくない。

大陸から撃ち込まれた大量の砲弾をリサイクルした金門包丁も有名だ。ものすごく切れ味がいいのが売りで、私の家の台所でも活躍しており、固めの野菜の根っこなどもスパスパ切れてしまう。誤って指先の皮膚を切り落として大量出血したこともあった。

金門は、対岸の中国福建省のアモイから最短の場所でわずか一〇キロの場所にある。この距離が、かつて多くのドラマを産み落とした。

一九四九年、金門を攻め落とそうとした共産党軍は、自信満々で金門への上陸作戦を発動した。迎え撃った国民党軍は、共産党軍をいったん砂浜に上陸させて待ち伏せし、一気に殲滅する作戦を取った。これが大成功し、大量の共産党軍の兵士を捕虜にした。それまでは、中国大陸で東北を失い、北京を失い、上海を失い、首都南京を失うというさんたんたる状況で連戦連敗だった国民党軍はかろうじて息を吹き返す。これが古寧頭の戦いで、いまも金門の古寧頭地区には立派な戦勝記念館が置かれている。

金門が国共内戦の最前線になってからは、大陸からは偶数の日に砲弾を打ち込み、台湾からは奇数の日に砲弾を打ち込むという、一種のゲームのような戦いが繰り広げられた。なかには、大陸に心引かれる台湾の兵士も出てくる。

世界銀行副総裁も務めた中国のエコノミスト、林毅夫は、台湾軍の兵士として派遣されていた金門から、バスケットボール二つを抱えて、海に飛び込んだ。無事に大陸にたどり着いた林毅夫は猛烈に経済を学び、北京大学の教授から中国で初の世銀副総裁に登りつめた。林毅夫の人生そのものがドラマである。金門から姿を消したあと、台湾では林毅夫は事故により死んだものとされ、死亡宣告まで行われた。生存が人づてに家族に伝えられ、後に台湾の外で、妻や両親にも再会することができた。

林毅夫本人はいまも台湾に戻れていない。台湾の国防部から逃亡犯として指名手配されている。軍人の敵前逃亡は最大の裏切り。それを赦《ゆる》せば、規律もへったくれもなくなって示しがつかない、というのが国防部の見解で、台湾世論が「もう赦してあげてもいいのでは」といっても耳を傾けない。林毅夫の兄と台湾の出身地である宜蘭で会ったことがあるが、国防部の立場に理解を示しつつも、弟が父の霊前に立てる日が来ることを願っていた。林毅夫の台湾への帰国は中台関係の改善後でも解決できなかった難問の一つである。

もちろん、こういう有名人のドラマばかりではない。台湾では徴兵された多数の若者が、最前線の金門に送り込まれる。台湾の若者たちは、金門に着いて、軍人として暮らしながら、台湾とは微妙に違っていることに戸惑うという。例えば、言葉は同じ閩南語でも台湾の言葉とはイントネーションや語彙が一部異なっている。台湾の若者は金門に行くと「台湾語がちょっと変だ」と言うが、金門人に言わせれば台湾の言葉のほうが台湾なまり、という解釈になる。台湾も金門も「米線」と呼ばれる麺料理があるが、台湾の米線はドロドロになるまでカツオだしのスープで煮込むのに対し、金門の米線はさらりと茹でるだけで、つるつると食べる。台湾名物料理であるカキオムレツも、台湾ではたくさんのでんぷんをまぜて軽く焼き、濃いケチャップ味のソースをかけて食べるが、金門の方はカリカリに焼くだけでケチャップソースはかけない。私は米線もカキオムレツも、断然、金門のほうが美味しく感じる。

金門は国民党の専制体制下で「両蔣」と呼ばれた蔣介石・蔣経国の時代を思い起こさせる「遺物」にも事欠かない。「三民主義統一中国（三民主義が中国を統一する）」や「毋忘在莒（莒を忘れるな／故郷を取り戻すことを忘れるなという意味）」などのスローガンが、町の壁や山肌にある。台湾では滅多にお目にかからない蔣介石や蔣経国の銅像もあちこちに建っている。金門は軍人が多いので、最前線の緊張感も少しは残されている。

中国があえて「解放」しない金門

台湾海峡をはさんで、という言い方を我々はよくするが、金門・馬祖はむしろ、台湾海峡を挟んだあちら側にある土地だ。それが台湾の支配下にあり、力が弱い方が支配する不思議な状況にある。その理由は、中国が取り戻せないのではなく、取り戻さないと書いた方が事実に近い。

一九五〇年代まで、中国がたとえ金門・馬祖を取り戻せたとしても、米国が防衛に加担することが確実視される台湾・澎湖諸島まで攻め落とせる算段を立てることは難しかった。金門・馬祖だけ奪われれば、蔣介石ら外省人が中心の国民党政権は台湾支配の正統性を失い、台湾が独立に向かう動きが加速するかもしれない。当面は大陸反攻を叫ぶ蔣介石に金門・馬祖を任せて、国共内戦を継続した形にして「二つの中国」に向かわないよう歯止めとしておき、いずれときが来たら、台湾・澎湖諸島と一緒に金門・馬祖をまとめて解決しよう。つまり、中国は台湾に「中国」という看板を捨てて欲しくはない、という毛沢東の考えだったと言われている。いずれにせよ、中国が金門を奪うことはなく、台湾に「福建省金門県」が残ったのである。

建物が大きく、閑散とした金門の福建省政府(著者撮影)

金門には、二つの「政府」がある。福建省政府と、金門県政府だ。建物が小さくて、人の出入りが激しい方が金門県政府で、建物が大きく、閑散としているのが福建省政府。人のいないがらんとした大きなビルだが、それでも「福建省政府職員」が何人か働いており、台北の閣僚ポストと兼務であるが、一応、「福建省」の主席もいる。金門の中心の金城鎮にどちらもあり、場所は一キロと離れてない。虚構と現実が併存するケースだと言えるだろう。

馬祖の方は、福建省連江県の一部、という位置づけで、金門の福建省政府の行政範囲に入る。馬祖も対岸まで三〇キロと非常に近い。金門が福建省南部の閩南文化であるのに対し、馬祖は福建省東部の閩東文化に属している。

台湾側にとって、特に蔣介石・蔣経国親子の時代、自分たちは「中国」だという虚構を維持しなければならなかった。中国大陸の大きさからすれば豆粒のようなものであるが、金門や馬祖を支配していることは宣伝上、大きな意味を持っていた。

†現実味を帯びる大陸からの「買水」

金門は慢性的な水不足に悩まされている。降水量が少なく、貯蔵した水や地下水をくみ上げても、開発ラッシュもあって、水の需要増に追いつかない。そこで対岸のアモイから海底パイプラインで水を引く計画が浮上している。つまり中国から水を買うのだ。「買水」構想は昔からあったが、戦略物資である水を中国に握られてしまうことを恐れた台湾側の慎重姿勢でなかなか実現しなかった。しかし、対中関係の改善を掲げた馬英九政権下で、水の融通問題が急に現実味を帯びたのだった。

「水」の問題の背後には金門に殺到する中国人観光客の影響がある。金門を訪れるたびにその変貌には驚かされるが、恐らく台湾で最も変化の激しい土地だろう。「爆買い」期待の巨大なショッピングセンターや高級マンションが島のあちこちに建てられていく。金門の人々は、中国に対する警戒心がそれほど強くない。台湾意識も強くない。基本は中台和解支持である。対中国のハードルが台湾本島より低いのである。

かつて戦争をしていたときは、金門には大量の砲弾が大陸から撃ち込まれ、金門の人たちは恐怖におののいた。しかし、元々、金門は大陸との行き来も活発で、しかも勉強熱心な島の土地柄から、多くの科挙合格者を出した島としても知られている。金門では、彼らのアイデンティティは、台湾の人々のように「台湾人であり、中国人ではない」ではなく、「金門人であり、中国人でもある」。少なくとも、金門や同じく馬祖の人々は、台湾で進んだ「本土化」のプロセスをそれほど共有していない。選挙でも、国民党が内部分裂でもしなければ圧倒的な強さで勝つ。台湾政治のなかでも、金門・馬祖は例外なのだ。

同じ島嶼のなかでも澎湖は別で、選挙でも、民進党が勝ったり、国民党が勝ったりする。ポツダム宣言やサンフランシスコ講和条約で日本が放棄したのは「台湾・澎湖」とされ、台湾本島との一体性は歴史的、地理的に高い。

台湾に三通と呼ばれる問題があった。三通とは「通信、通航、通商の自由」のことで、中国が積極的に呼びかけ、台湾が拒んでいた。その先鞭をつける形での「小三通」が金門で民進党・陳水扁政権時代に始まった。その法整備などを手がけたのは、当時大陸委員会主任で、このほど総統に当選した蔡英文である。小三通の導入以来、金門の住民にとって中国への投資が一種の利殖方法になった。人民元のレートはこの一〇年、ひたすら上がり続けた。二〇〇〇年のレートでは一〇〇〇台湾ドルは二七〇人民元だったが、二〇一五年は一〇〇〇台湾ドルが二〇〇人民元になった。投資していればかなりの儲けが出たに違いない。全島民の四割は年に一回、フェリーで一時間もかからない大陸に渡っているとされる。経済圏としてもはや金門は中国に飲み込まれている。

†台湾の中にある「中国」中興新村

金門・馬祖が、台湾の外にある「中国」だとすれば、台湾の中部の南投県という田舎にある「中興新村」は、台湾の中にある「中国」である。

台湾省の省都であり、台湾省政府があり、ここにも省政府主席が閣僚との兼務だが任命されている。予算もあり、金門の「福建省政府」よりは実体のある行政機構として機能している。台湾省政府主席は、かつては李登輝や宋楚瑜などが経験した出世ポストだった。

もともと台湾省の省都は台北だったが、一九五七年にこの中興新村に移転した。理由は、台北が中華民国の臨時首都のようになったから、二つの首都がダブっているのは良くないということだったようだ。一九九〇年代までは台湾省は機能していて、台湾省政府主席も一九九四年に民主選挙で選ばれるようになった。ただ、一九九六年に総統の直接選挙が行われてしまったので、金門・馬祖を除けば、同じような有権者を持っている二つの選挙があることはおかしいということで、台湾省政府主席の選挙は一回限りで廃止となった。

このあたりが虚構と現実の使い分けの難しいところだ。あわせて台湾省機能の凍結も行われ、中興新村も虚構ワールドに飲み込まれた。中興新村を訪れるたびに、美しい緑と町並みに感動しながら、人通りの少なさに不思議な感覚にとらわれたものだ。

†台湾の首都は南京？

中興新村が台湾省の省都だとすれば、台湾の首都はどこかという興味深い議論がある。結論からいえば、台湾に首都はない。

台湾に撤退する前の国民政府の首都は南京だった。現行の中華民国憲法は一九四六年に制定されたが、蔣介石は北にいる共産党を完全に駆逐して中国を統一したあと、首都を南京から北京に移すつもりだったと言われている。開かれた制憲大会で、憲法草案にあった「首都は北平（北京のこと）」の一文を、蔣介石はあえて削らせたという。

しかし国民政府は内戦に敗れて、北京どころか南京も放棄し台湾に逃げこんだ。台北が首都だとは口が裂けても言えない。以前、台湾の学校の教科書では「中華民国の首都は南京、中央政府機関の所在地は台北」と教えていた。しかし一九九〇年代ぐらいから、「中華民国の首都は南京」とは教えなくなった。いまの公式説明は「中央政府機関の所在地は台北」としているだけで、首都は明言していない。台湾には「直轄市」という名称があるが、台北も高雄も台南も台中も新北も直轄市に指定されており、首都とは関係ない。

こんな事情なので、首都をめぐっては、ときどき小さな論争や勘違いが起きる。二〇一五年八月、台湾の教科書内容の検討を行う「課綱微調召集人」というポストの王暁波という人物が、テレビの公開討論番組で若者の質問に対し、「我が国の首都は南京で、現時点の台湾地区の首都は台北だ」と答えた。若者が「南京なんて行ったこともない」と反論すると、王暁波は「悪いけど、嫌だったら憲法改正してくれ。憲法もまた現実だ。両岸はいまだ統一もされていないし、台湾は独立もしていない」と応じた。面白い議論だが、この王暁波の認識は誤りであり、前述のように憲法にも首都はどこかと書いていない。教科書の専門家でも何が何だか分からなくなっているのである。

世界を騒がすイスラム国（ＩＳ）が、二〇一五年米国に協力する国に台湾を挙げたことが台湾で話題になったが、イスラム国が首都にテロを仕掛けるなら、台北ではなく、南京を攻撃するはずだというジョークが台湾で一時話題になった。このことは台湾にとって首都もまた、虚構と現実との狭間で漂っていることを示している。

†虚構が中台関係の突破口になる

金門という例外的存在が、逆に中台の絆になり得ることに目をつけた中国は、いま、中国側にも例外の地を創り出そうとしている。それが平潭島である。

福建省沿岸で比較的福州市から近い場所にあり、台湾までの距離は最も近い新竹まで六八カイリほど。船で三時間の距離だ。面積は三七一平方キロメートル。七個の鎮と八つの郷からなり、人口は四〇万人。金門、馬祖を除けば、広大な中国で最も台湾に近い場所にある。そのため、かつては台湾海峡緊張時の最前線として島に大勢の人民解放軍兵士が駐留し、インフラへの投資も進まず、改革開放の波にも乗り遅れてきた。

中台の緊張が緩和した一九九〇年代から台湾と漁業労働者の派遣協定を結び、台湾に平潭島の漁民が出稼ぎに行った。延べ五万人近い漁民が台湾に送り込まれた。台湾で彼ら出稼ぎ漁民が船上生活する「海上旅館」という言葉が流行した時期があった。

島で会った漁民は、こんな昔話をしてくれた。

「七〇年代の末ぐらいから、台湾の漁民が島の沖合に来るようになって物々交換が始まった。人聞きが悪いけど、密貿易だよ。最初はこっちで捕れた魚と、台湾の缶詰や傘、長靴を交換したけど、だんだん台湾の時計とかＣＤプレーヤーなどの電気製品と魚の交換になっていった。魚五〇斤でクオーツ腕時計一個ぐらいの計算だったかな。最近は物々交換はなくなってきたけど、取引は続いているよ。台湾近海は魚はあんまり捕れない。基隆とか台北の漁民が漁船でやってきて、人民元で買っていく。台湾の漁港あたりの『捕れたて』とか書いている海鮮は、だいたい我々中国の漁民から買ったもの。でも最近は蟹や海老のような高価な海鮮は国内（中国）のほうが高いから、中級の魚を売っているけどね」

多少誇張もあるだろうが、確かに、台湾の近海では魚はあまり捕れず、中国から海上買い付けで調達している、という話はよく聞く。

この平潭島がいま、台湾との経済交流の最前線になった。中国政府は「海峡西岸経済区」というコンセプトを打ち出し、先行地域の「実験区」に平潭島を指名した。海峡西岸とは、台湾海峡の西側、つまり台湾に面した地域を指す。ここを台湾に向けて特別に開放し、中台経済の一体化を進めようという狙いだ。金門と同様、「戦争の島」から「両岸交流の島」への脱皮ということである。こうした「特区」方式は中国にとってはお手のもので、改革開放を始めたときに深圳を特区に選び、香港経済との一体化を進めた成功例がある。将来的には、三〇万人の台湾からの「移民」を平潭に集める計画も浮上している。

私がこの島を訪れた二〇一〇年は福建省の福清からフェリーで渡った。埠頭の真横に巨大な「平潭跨海大橋」が建設されつつあった。島の長年の要望でも実現しなかったものが、

「台湾工作」という政治的理由が加わるとあっという間に動き出すのは中国らしい。現在はこの橋は開通している。こうしたインフラはすべて中央政府の資金で行われたという。台湾の新竹と平潭を結ぶ高速フェリーも二〇一五年から始まり、週に一〇便ほどが片道三時間で結ばれている。将来的には台湾商品が免税化されるとも言う。台湾ドルも使えて、台湾との電話も国内電話にするなど、野心的な構想がいくつも浮上している。

平潭島での取材では、父親が平潭島の出身で一九四九年に国民党と一緒に台湾に渡り、投資のために台湾から移って、平潭島に居を構えたという男性に会った。いわゆる外省人の第二世代だ。その男性から、こんな話を聞いた。

「台湾と平潭は四つの縁で結ばれている。それは、地縁、血縁、文縁（同じ言語）、商縁です。私の父は、五歳で島から離れて、台湾に渡りました。父から四縁のことは何度も聞かされていましたが、島に来てみると、確かにそのつながりによって、仕事がうまくいくことも多く、ありがたみを感じます」

平潭島の最も東側の岬にいくと、台湾海峡から吹きつける冬の海風がものすごく、立っているのもしんどいほどだった。この岬に中台交流の推進を記念する石碑が立ったのは私が訪れる直前だった。台湾の新竹市からも市長が駆けつけて除幕式に参加したそうだ。

台湾と中国の経済一体化は、中国にとっては将来の統一のための戦略的手段だ。金門でも平潭島でも、中国は「例外」を育てていくことを狙っている。本来は、段階的に排除されていくはずの「虚構」が、いつの間にか中台の架け橋や絆を表すような存在に変質しているところは、時代の変化の大きさを感じさせる。

一方、民主化した台湾自身にとっては、本来は、もはやこうした虚構は必要のないものだ。しかし、その存在を一気に解消しようとはしていない。金門については、歴史遺産、戦争遺産という形で活用するアイデアも出ている。台湾で最も経済的に恵まれなかった馬祖も、その独特の景色や町並みが人気で、観光地として生き返りつつある。中興新村もその人工的で美しい町並みを世界遺産に申請すべきだ、という声が出ている。

最初は現実だったものが、時代の変化に伴って、虚構に変わり、そして、今日、再び、虚構から現実の世界に戻ろうとしている、と言えなくもない。台湾という地には、虚と実の移り変わりが、まるで季節のように訪れるのである。

第七章　日中台から考える

†近代で一変した日中台の命運

日本、中国、そして台湾。近代以降、この三者の命運は絡み合ってきた。日中台は、東アジアという地域のなかで、数奇な宿命によって結ばれた「三兄弟」のように思える。台湾と中国を分けることに中国の人々は違和感があるはずだ。しかし、これは「一つの中国」や「一つの中国、一つの台湾」といった政治体制のことを論じるのではなく、台湾を独立した個体として見ながら、日中と結びつけて論じることで、より深く見える歴史の実像があり、中国の人々も、そのほうがいまの本当の台湾に恐らくもっと近付けるのではないかと考えているからだ。

「近代」がすべての始まりだった。日本も中国も台湾も、近代の到来によって、そこに生きる人も含めて命運が一変したのだった。

運良くと言うべきか、黒船来航と明治維新によって、東アジアで真っ先に近代化に邁進した日本は、沖縄・宮古島の役人らが台湾に漂着し殺害されたことを理由に、初の海外出兵に踏み切る。一八七四年の「征台の役」、つまり「台湾出兵」である。台湾を統治していた清朝は反発し、日本への不信感を強めた。

台湾出兵で生じた日清間の不和。それが導火線となって、二〇年後に日清戦争が起きる。日本が勝利し、賠償として、清朝から台湾が割譲された。清朝が倒れ、中華民国が生まれ、やがて日本と再び戦争となった。今度は日本が敗れ、日本は台湾を何者かに返還することになる。台湾は、事実上、戦争というゲームの賞品のように扱われた。日本はもとより連合軍も、当時の国際情勢と中国情勢の下で、台湾の帰属を明言はしなかったし、できなかった。台湾は中華民国に接収される。だが、共産党と国民党が内戦を繰り広げた結果、共産党が勝利し、国民党は台湾に逃げ込んだ。

台湾には、日本が統治五〇年の間に投下した膨大な資産がそのまま残され、経済的にも文化的にも相当程度、成熟したレベルにある土地だった。その台湾に国民党は立てこもり、戦後世界の覇者である米国を味方につけながら、台湾では白色テロなど強権で抑え込む一党専制体制を固め、共産党のつくった中華人民共和国と対峙する。

冷戦構造のなかで最初は台湾の側にいた日本は、やがて中華人民共和国と国交を結び、中華民国と断交する。しかし、中国は台湾統一を実現できていない。台湾は生き残り、民主化を進め、「台湾は台湾、中国とは違う」が一つの社会常識となった。

昨今、日本と台湾との精神的繋がりはむしろ強まる方向に向かっている。中国はそのことを内心苦々しく思いつつ、外交の領域に入らない限りは、日台関係の観察を静かに続けている。一方で、台湾の中国に対する経済的相互依存の深まりは日中の比ではない。台湾を日中が取り合っているとも見えるし、台湾が日本と中国との間でバランスを巧みに取っているとも見える。この三者の関係はいまも微妙で複雑だ。

†日中台で考える「抗日」

関わり始めてから一世紀あまりしか経過していないのに、これだけのことが起きた日中台の関係を考えることは、東アジアの歴史を考えることに等しい。

過去の日本はともに「一つの中国」を掲げる中国と台湾（中華民国）両者への配慮もあって「日中台」という思考方法から遠いところにあった。しかし、日中台という枠組みで考えるべき問題は、実際、とても多い。その一つである「抗日」を取り上げたい。

抗日とは、日本による侵略に抵抗したことを意味する。狭義の抗日は八年間の日中戦争だが、もう少し広く考えると一九三一年の満州事変から一九四五年の終戦まで、最大なら一八九五年の日清戦争による台湾割譲から終戦まで、ということになる。歴史というのは、たいへん厄介な代物だ。歴史観は、国や地域によって異なり、同じ事象に対して食い違った解釈を生み出す。その解釈が、まるで別世界のようにかけ離れ、相容れないことも少なくない。

台湾については、何かと歴史観の差異が鮮明に浮かび上がる傾向にあるが、抗日問題については「台湾の抗日」「国民党の抗日」「共産党の抗日」という「三つの抗日」が併存している。第二章で論じた「日據」と「日治」の問題にも通じるところがある。

二〇一五年の秋、日中戦争が勃発した北京郊外の盧溝橋にある「中国人民抗日戦争紀念館」に、「台湾抗日」の展示である「台湾同胞抗日史実展」が完成した。私が訪れた一〇月下旬の日は、「北京秋天」の言葉にふさわしく、PM2・5がまったく感じられない突き抜けたブルーの秋晴れだった。

台湾抗日の展示は「偉大なる人民の歴史的勝利」コーナーの一部でもあり、紀念館は「台湾抗日」展示の設置に際し、「台湾の各界人士からの強い要望があり、抗日戦争勝利七〇年を機に、台湾人民の業績をたたえ、台湾の抗日が中国人民の勝利に大きく貢献したことを顕彰することにした」と述べている。

展示コーナーの入口には「台湾は古より中国の神聖かつ分割不能な領土である」という説明がある。展示は台湾出兵から日本の「台湾侵略」が始まり、日清戦争で日本が台湾を無理矢理奪い、植民地統治では台湾の資源を収奪し、人民を抑圧し、皇民化を進めた、という筋書きになっている。展示スペースは六つに分かれ、展示物はかなり豊富で、三五五件の歴史的写真と四一六件の歴史的資料を展示。中国から台湾に六度、調査チームを派遣して民間からの寄付を中心に資料を集めたという。ここまで体系的にまとめられた「台湾抗日」の展示は台湾にもなく、小さな資料館レベルの規模があった。

台湾同胞抗日史実展の説明板

ただ、見学の中国人はほとんどこの台湾抗日展示に足を運ばない。場所も少々参観客の動線から外れており、周知不足もあるのだろうが、台湾抗日展示用のノートの寄せ書きにある言葉も「歴史を忘れてはならない」とか「民族の苦難を思い出させた」という通り一遍の感想ばかりで、台湾の人々に思いをはせた言及はなかった。中国における台湾認識全般に言えることだが、国家や民族の意識がいささか深刻なほど前面に出て、台湾の生身の人間にはあまり関心が向かない。それが中台の心の距離を広げる一因にもなっている。

この展示の狙いを総括すれば、「台湾の抗日を中国人民の抗日の一部」とすることを、理論的に強化する試みの一環であるのだろう。

中国と台湾との間には「抗日」をめぐり深い溝が横たわっていた。それは、共産党と国民党の抗日をめぐる「主役争い」があったからだ。共産党は「蔣介石集団は、消極的抗日、積極的反共だった」という歴史を教えてきた。史実からみれば国民党が日中戦争の主体を担ったのは明らかだ。この点で歴史をねじ曲げられたと感じる国民党の共産党に対する不信感は強く、共産党を嫌悪する原因にもなってきた。

†抗日の主役争いで一歩引いた共産党

しかし、そんな抗日の主役争いに変化が現れている。二〇一五年一一月に中国・瀋陽で中台双方の学者による抗日戦争史に関するシンポジウムがあった。台湾側の参加者が、

「蔣介石総統が抗日をしなかったというのは（中国側の）誤解だ。両岸の学者は歴史の真相を取り戻すべく共同で努力しなくてはならない」と述べたのに対して、中国側もあえて反論せず、「抗日の歴史を両岸で作り上げていくことは大切で、台湾の若者が抗日と台湾は関係ないと思っている人が多い」と論点をずらし、一歩引く形で丸く収めた。

胡錦濤時代から共産党は「共産党も国民党も抗日の主役だった」という姿勢を見せるようになった。日本との「歴史戦」を勝ち抜くためにも、抗日問題で「国共合作」を作り上げたい思惑もある。中台関係の改善で譲歩する余裕が中国に生まれたこともある。どちらも日本と戦ったわけで、国民党と共産党の抗日観の間に共通の土台がないわけではない。

しかし、私が北京の台湾抗日の展示で考えさせられたのは、仮に「国民党の抗日」と「共産党の抗日」が一つになって「大陸の抗日」を作り上げることができたとしても、はたして「台湾の抗日」と統合できるのかという問題だった。

†台湾の抗日は、大陸の抗日と統合できない

日本統治が始まった一八九五年から一九一五年前後までの間、台湾では漢人や「原住民」（先住民族）による断続的な抵抗闘争が展開され、多くの死者や処刑者を出した。苛烈な弾圧に対し、台湾の歴史家からは「虐殺といっていいほどのレベル」という声もある

ほどだ。この歴史も紛れもなく「抗日」である。ただ、この時期の台湾での抵抗運動に、基本的に中国大陸の勢力は、国民党だけでなく、党すらなかった共産党も、もちろん関与していない。抗日の人々の中に「中国意識」からくる日本への拒否感はあったが、あくまでもそれは台湾を守るために行った「台湾の抗日」であった。

こんなエピソードがある。台湾の台中・霧峰を中心に勢力を誇った望族・林家の一員であり、若くから知識人として頭角を現していた林献堂が一九〇七年に日本を訪れた。戊戌の政変で日本に亡命中の中国の改革派知識人、梁啓超と面会し、日本統治下の台湾の苦境を訴え、中国の支援を求めた。これに対し、梁啓超は「中国には今後三〇年間、台湾人を助ける力はない。軽挙妄動してはならない」と語って、イギリスのアイルランドのような自治確立のための闘いに徹するべきだとアドバイスしたという。

中国を代表する知識人であった梁啓超の言葉はまさに当時の中国の本音だった。「化外の地」である台湾を「同胞」とみなす意識は薄く、また、助ける力もなかった。その後、台湾の抗日は日本の敗戦まで断絶した。

今日の台湾で「大陸の抗日」と「台湾の抗日」との裂け目があらわになるのが、台湾の外省人勢力の歴史観と、本省人勢力の歴史観がぶつかるときだ。外省人出身の馬英九総統は慰安婦問題を含め、さかんに「抗日」の記憶を呼び起こそうと台湾世論を焚きつけたが、世論の反応は総じて冷ややかだった。

太平洋戦争の間、台湾の人々は「日本」の一員として中国を含めた連合国と戦った。戦死者もいたし、台湾は米軍の空襲も受け、犠牲者も出した。つまり、台湾の人々は「大陸の抗日」の向こう側にいる存在だった。その歴史的記憶が残るなかで、「大陸の抗日」という色彩から抜け出せない国民党の抗日キャンペーンはなかなか台湾社会で広がりを生めず、逆に国民党の民衆弾圧である二・二八事件を引き合いに出されるなど、歴史観の食い違いが対立の種となることも多い。

一方、国民党の伝統的な歴史観は、中国とは一致点を見いだしやすいようで、二〇一五年にあったシンガポールでの中台トップ会談では、抗日戦争の歴史について習近平と馬英九の間で和やかに語り合われたと言われている。

†杭州で感じた抗日の中台連携

「抗日」をめぐる中台連携の日が訪れるのではないかという予感はあった。二〇〇八年に国民党政権が誕生した際、浙江省の杭州を訪れ、連横という人物の記念館が完成したばかりで見に行ったときのことだ。

連横は、日本統治時代の台湾知識人で、台湾史について台湾で初めての歴史書を書いた人として知られており、台湾の政治家で国民党名誉主席の連戦の祖父でもある。連横は、日本統治にたいして批判的で、台湾の自治権拡大や祖国復帰運動に身を投じていた。その連横を讃える記念館を、かつて連横が暮らした杭州の家を改築して作っており、そこには、台湾ですっかり親中政治家になっている連戦の写真も大きく飾られていた。私は、この展示をみたとき、歴史問題について、中国と台湾を「抗日」で結びつけようという動きがいずれ本格化すると考え、そうした記事を新聞に書いたこともあった。

台湾にも確かに抗日は存在し、その一部は「大陸の抗日」の歴史観に重なるところもないわけではない。しかし、すべてを無理にすくい取ろうとすると、こぼれてしまうものだ。我々が抗日問題を考えるにあたっては、中国、台湾、そして日本の複雑な絡み合いを整理して考える「日中台の思考」が必要になる。

†陳逸松の日中台アイデンティティ

次は「人」を通して日中台について考えてみたい。人間の動きには歴史と政治が投影される。かつて、台湾と日本と中国の狭間で生き抜き、日本人でもあり、中国人でもあり、台湾人でもある「日中台アイデンティティ」を持った人々がいた。そのなかの一人である陳逸松という人物を取り上げてみる。

二〇一五年秋、台北市で陳逸松の伝記出版を記念したシンポジウムがあった。『陳逸松回憶録：放胆両岸波濤路（戦後篇）』（曾健民、聯経出版）という本で、すでに亡くなっている陳逸松本人からの生前の聞き取りをもとに、執筆された。陳逸松の生涯に関心があった私は、東京から台湾への飛行機に乗り込んだ。

陳逸松の人生は波瀾万丈だ。台湾東部・宜蘭の大地主の家に一九〇七年に生まれた。日本統治が安定し、台湾経営が軌道に乗った時期に、陳逸松は日本のエリート教育を受け、一三歳で日本に留学。日本社会は大正デモクラシー花盛りの時代で、存分に日本の自由な空気を吸った。東京大学法学部という最高学府に入学した陳逸松は、日本で流行していた左翼思想に引き寄せられる。東大で日本共産党の下部組織を担った「新人会」に加入した。優秀だった陳逸松は司法試験に合格。東京で弁護士事務所を開業して「自由法曹団」のメンバーとして、労働者の権利向上に尽力し、逮捕された活動家の釈放などにも取り組んだ。

当時の台湾の知識人は、陳逸松のように、留学などで日本に渡り、台湾の自治権拡大運動や台湾共産党（台共）の活動に取り組んだ人が多かった。代表格は蘇新（一九〇七～八一）と謝雪紅（一九〇一～七〇）だ。二人とも陳逸松と似たような時期に日本に滞在し、台共創設に関わり、一九四五年以後は国民党の弾圧から逃れて中国大陸に渡った。彼らの世代の特徴は左派思想に傾倒し、日本の台湾統治を批判すると同時に、中国への「祖国」

意識を高めたところに特徴があった。

陳逸松は、台湾に戻ったあとも弁護士として台湾人の人権保護活動に取り組む一方で、「台湾文学」などの雑誌を刊行しながら、「文」によって、太平洋戦争末期に日本が進めた皇民化に抵抗した。

陳逸松の新刊発表会での展示に、面白い一言があった。自分より一五歳ほど若い李登輝について、陳逸松は「あいつは日本のことをよく分かっていない」と評したという。いまの時代、李登輝に向かって「日本を分かっていない」と言える台湾人はいないだろう。だが、陳逸松の世代は、日本の台湾統治にまだ苛烈さが残っていた時代を体験しており、すでに台湾の「日本化」が完成に近づいて「私は日本人だった」と言い切れる世代の李登輝らとは対日認識にギャップがあった。

日本で作家・評論家として活躍した邱永漢も李登輝と同じ世代で、李登輝以上に優秀な学業成績を日本で残し、波乱に満ちた人生を歩んだが、陳逸松らのように左翼思想には傾倒しなかった。それでも後に、陳逸松が台湾から事実上米国に亡命したとき、出国のための身元保証人になったのが邱永漢だったというのは、不思議な巡り合わせである。

陳逸松、邱永漢、李登輝の共通点はいずれも台湾の恵まれた階級の出身で教育水準が高かったことだ。年齢的には一〇歳かそこら違うだけで、陳逸松の身にまとった時代感覚や日本・中国への距離感は、李登輝や邱永漢のそれと比べ、天と地ほどの違いがあるように見える。総じていえば、日中台の要素のなかで、陳逸松らはより中国人成分が濃く、李登輝や邱永漢はより日本人成分が濃かった、という風に言えるだろう。

一九四五年、日本の敗戦で陳逸松の人生も新たな展開を遂げた。大陸の国民党と密接に連携を取っていた陳逸松は、国民党主導によって台湾で組織された「三民主義青年団」の中心的メンバーになり、国民党の台湾接収に協力した。しかし、一九四七年二月二八日、台湾で二・二八事件が起きる。事件は、国民党の腐敗と無策に民衆の怒りが頂点に達して起きた暴動で、陳逸松は「二・二八事件処理委員会」のメンバーに加わり、国民党と台湾民衆の間の関係を取り持ち、政府に対する改善要求を起草した。

ところが、軍隊を派遣し、民衆を弾圧した国民党は、処理委員会のメンバーを指名手配し、陳逸松もそのリストに入れられてしまった。陳逸松は、慌てて以前から顔見知りだった台湾省行政長官の陳儀に頼み込み、指名手配から名前を外させた。一方、陳逸松以外の処理委員会のメンバーは逃亡を余儀なくされた。このときの行動をもって陳逸松を批判する向きがある。ただ、極限状態に置かれた陳逸松が自分の生命を守ろうと取った行動は、政治的に批判されても、人間倫理の許容範囲には入るのではないか、と私は考える。

いったんは関係修復されたかに見えた国民党から政府高官である考試委員に任命され、

中央銀行の常任理事にも起用されたが、直言を好む性格から組織内で意見の衝突も多く、一九五三年には企業経営に転身した。一九六四年には台北市長に「党外」の立場から出馬する。戒厳令の解除や民主的憲法への改正などを求めた陳逸松の進歩的な主張は、専制体制を敷く国民党に睨まれるには十分な理由となった。一九七一年に不透明な事件に巻き込まれて当局に逮捕される。容疑不十分で釈放され、台湾から日本経由で米国に定住した。

その際、陳逸松は中国政府に対して、台湾政策について「台湾独立を敵視するな」などと提言する手紙を送った。それが周恩来首相の目に止まり、中国に呼ばれる。人民代表委員となり、一〇年間ほど法律の専門家の知識を生かして、中国の刑法や刑事訴訟法の近代化を手伝った。陳逸松の回顧録によれば、周恩来に対し、台湾政策について中国の敵意を低下させるように何度も助言し、中国の台湾政策を軟化させることに貢献した、とされている。

その後、中国には一九八三年まで滞在し、米国に戻った。中国との関係から台湾ではブラックリストに載って入国できなかったのだが、一九九七年にようやくリストから解除され、台湾に帰郷することができた。そして、ちょうど二〇世紀が終わりを告げる二〇〇〇年、自らの役割を終えたかのように、九四歳で米国の自宅で生涯を閉じている。

陳逸松は、二〇世紀における日本、台湾、中国の関係をさまよい歩いた。陳逸松の人間的な思想や行動について、一貫性の欠如など疑問の声も台湾にはある。私の目から見ても、ある種、機会主義者的な動きをしているようにも見える。しかし、あの時代に信念と野心を持った人間が、日本、台湾、中国が絡んだ複雑な環境のなかで理想を追求すれば、どうしても、道を誤ったり、迷ったりすることはあったとも思う。また、いわゆる「転向」もやむを得なかっただろう。それは、台湾自身の運命でもあるからである。

†邱永漢の人生

邱永漢は、国民党の圧政に対して、「台湾共和国臨時政府」を立ち上げた廖文毅らと共に独立運動の主要メンバーとなり、香港、そして日本に逃亡した。独立運動への失望もあって、邱永漢は作家・経済評論家としての成功を遂げる。その後、一九七〇年代には、国民党・蔣経国政権と和解する形で台湾に戻り、その後は中台和解の旗ふり役になりつつ、日台をまたにかけた経済評論家として成功を収めた。邱永漢の一生もまた、一つの転向物語だと言えるだろう。

神戸生まれの台湾系である作家の陳舜臣は、日本で育ち、日本の敗戦によって台湾に戻ったところ、二・二八事件があったこともあって教師の職を捨てて、再び、日本に戻った。そうでなければ、作家としての大成功はなかったかもしれない。その後も中華人民共和国の国籍を取得しながら、天安門事件で放棄するなど、日中台のなかを迷いながら生きていた人だった。

台湾人のなかには、若い頃から台湾独立運動に人生の総てを捧げ、日本で地道に運動を続け、民主化後の台湾で活躍した元昭和大学教授の黄昭堂や元駐日代表の許世楷、同じく元駐日代表の羅福全などの人々もいる。現在も日本の論壇で活躍する金美齢や黄文雄などの人々も、独立の理想を抱き続け、日本人に台湾への関心を呼びさまそうと努力を続けてきた。そうかと思えば、台湾在住のジャーナリスト、本田善彦の著作が伝えるように、台湾の知識人のなかには、国民党に失望して、大陸に渡り、日本語の能力を生かして、中国語の通訳として中国大陸で日中外交の最前線で活躍した人も少なくない。台湾人の戦後の人生はまことに多様多彩でドラマチックである。

†戦前の画家・陳澄波を襲った悲劇

日中台の運命に巻き込まれて悲劇的な生涯を終えた人に、台湾南部の嘉義出身の画家・陳澄波という人がいる。

台湾が日本だった時代に生まれた台湾の若者たちにとって、海を越えて日本に渡って学ぶことは、人生を切り開くことだった。美術を志した優秀な者たちはまず、現在の東京芸術大学にあたる「東京美術学校（東美）」を選んだ。東美で、ある者は絵画を学び、ある者は彫刻を学んだ。留学は彼らの血肉となり、中国やヨーロッパへと雄飛する者もいれば、東京にとどまる者、台湾で故郷の芸術発展に力を尽くした者もいた。台湾から日本、そして世界へ。それが当時の台湾の若者には「道」だったのである。

台湾と中国と日本。三つのアイデンティティの狭間にあって、彼らがどのように自らの才能を開花させようともがいたのか。それは、これまでの日本の近代美術研究ではあまり顧みられなかった部分でもある。

日本への留学生送り出し機関となったのは、日本統治時代に開設された台北の「台湾師範学校」だった。当時の台湾では、日本人の石川欽一郎、塩月桃甫、郷原古統などが教壇に立ち、多くの芸術家の卵を育て上げた。今日の台北教育大学の母体となった台北師範学校（当時の名称は国語学校）で石川欽一郎から薫陶を受け、東美へ入学を果たした陳澄波は、そのドラマチックな人生もあって、作品がいまもアジアのオークション市場で高額で取引されている。

陳澄波が生まれたのは、日本の台湾領有の年の一八九五年。大学卒業後、いったん台湾で教員になったが、画業が忘れられず、家族にも隠して日本に渡り、三〇歳にして東美に入学。その才能は徐々に発揮され、日本で最高の権威を持つ帝国美術展覧会の西洋画部門で入選した初めての台湾人となった。

東美卒業後、陳澄波は上海に渡って中国美術界でも活躍している。「祖国」である中国への思いは強かった。大陸の画壇でも注目の若手として期待されたが、一九三三年に上海事変が勃発すると、陳澄波の国籍が日本であるという理由で、台湾への帰還を余儀なくされる。「日本の中の台湾出身者」という限界を「祖国」で味わってしまった。

その後は台湾で美術の普及に力を尽くし、日本の敗戦による国民党の台湾接収においては台湾側の準備委員会の要職につくなど重要な役割を担った。そのあたりは、陳逸松とも似ているところがある。

前述のように、台湾社会の日本化が進んだ李登輝ら昭和生まれと、明治生まれの台湾人との間には異なる「祖国像」がある。李登輝らが「私は日本人だった」と素直に語れるが、陳澄波、陳逸松らの世代は総じて「私は中国人」と考えていた。ただ、その「中国人」の意味するところは、もちろん、今日の中国人とはイコールではない。

一九四五年の台湾には、当然、国際政治の決定とは別に、自分たちの未来について考えられるいくつかの可能性があった。中華民国の未来、共産党の未来、台湾独立の未来、日本にとどまる未来などのうち、人々の意識のなかで主流であったのは中華民国の未来であり、だからこそ、陳澄波、陳逸松らの郷土エリート層が「祖国復帰歓迎」の先頭に立ったのだった。

ところが、一九四七年に起きた二・二八事件で、台湾の人たちが日本語と台湾語しか話せないなか、陳澄波は、中国語（北京語）が話せるということもあって、武器を取った台湾人と、国民党側との間で仲介役を果たそうとしたのだが、逆に、訳も分からないままいわれなきスパイ容疑をかけられて銃殺刑に処せられてしまった。

その陳澄波の油彩画に「私の家族」という作品がある。上海で美術を教えていた陳澄波は家族を呼び寄せたが、寒い季節だったのか、厚手の上着をまとった妻を中心に娘三人と片手にパレットをもった自分が並んでいる。家族の間には不思議な静謐が漂っている。陳澄波の表情には家族団欒の日を得たことへの喜びもこぼれている。しかし、画からは日本や中国の民族性は感じられない。

陳澄波の代表作として今日的には揺るぎない地位を築いている「私の家族」だが、一九七九年に台湾で行われた遺作展では、展示品のリストから「プロレタリア的」だということで、除外されることになった。日本にいるときに描いたもう一つの代表作「日本二重橋」も、植民地主義的作品として、陳澄波の業績を紹介する評論や書籍などから長く無視されてきた。

現在は作家の作品を政治的な立場に結びつけて一刀両断に批判するような時代ではない。

各作品には、その作家がそのときどきに主体的に選ばなければならない「何か」が込められているのであり、我々は当時の彼らの立場と時代状況を汲み取りながら作品と向き合うことができる。

陳澄波をはじめとする台湾の画家たちは、漢民族文化をルーツとしながら、日本が統治する社会に生まれた。優秀であるほどチャンスは日本の体制内に存在した時代だった。彼らは海を渡り、日本芸術の最高学府である東美で学び、日本美術の最高権威である帝美に作品を出展して評価も受けた。日本という国家は彼らにチャンスを与える一方で、おそらく当時の日本の体制内では彼らは最終的に頂点を極めることは困難だった。多くの台湾留学生が日本ではなく、中国に発展の場を求めたのは象徴的である。

陳澄波は、国民党の弾圧によってその生を終えた。しかし、それは「中国人」として生きようとするなかでの悲劇だった。弾圧された理由は、台湾の人々の立場に立とうとしたからだったが、その行為は、国民党からすれば「日本の犬」「共産党の犬」などと位置づけられたのだ。国民党の指導層は、日本軍が台湾山脈に立てこもって台湾人の反乱を支援し、台湾島を大陸から切り離そうとしているという謀略をくわだてていると本気で信じていたと言われる。実際は、台湾にいた第十師団は、ほとんど無傷のまま、大人しく台湾の治安維持に協力し、武装放棄に応じて日本に帰っていった。

†時代の荒波に翻弄された台湾人

この時代、多くの台湾人が、大時代の荒波に翻弄され、運のいい人だけが乗り切ることができた。いまから見れば、生き残った人と、生き残れなかった人の差は、ちょっとした運や判断のズレによるものでしかない。李登輝もまた、共産党活動に関わった疑いをかけられていたことは知られているが、白色テロで処刑される一人になってもおかしくなかった。李登輝がいなくても台湾は民主化しただろうが、今日のような姿にはなっていなかったかもしれない。時代の変化は、必然のようにも見えるが、個々の事象を見て行くと、やはり偶然の積み重ねであると思わせられる。

大きな時代のうねりのなかで、日本と中国と台湾がもみくちゃになった近代のドラマでは、一人ひとりの台湾人が本人の力だけではどうにもならない形で人生の選択を迫られ、ときに予想外の方向に追いやられながら必死に生きていた。

そんな人々の人生を知れば知るほど、政治的な立場の違いはあっても、この二〇世紀の日中台を生きた台湾の人々に対して、等しく畏敬の念を抱かずにはいられない。彼らの人生は、単純に日本人や中国人、あるいは台湾人という枠に閉じ込めてしまってすむような話ではなく、「日中台人」や「日台人」といった呼び方がふさわしい。

†前近代と近代、現代の違いと日中台

日中台のあり方を時代によって類型化できるとすれば、近代的なものと前近代なもの、現代的なものと近代的なものの間《はざま》における相克と葛藤ではなかったかと思える。

明治維新を経験した日本は、欧米からの制度や技術の輸入による近代化を成し遂げ、清朝を戦争で打ち破り、台湾経営に乗り出した。日本の統治は苛烈なものだったが、日本が台湾に移植したものは、日本自身が学んだ近代だった。そこでは、限界はありながらも、言論の自由や法の支配、教育の普及、行政の平等主義などが実現され、統治五〇年を経験した台湾には、そのエッセンスがすでに根づいていた。台湾の人々のなかには自らを日本人と見る人もいれば中国人と見る人もいたが、共通するのは、近代人になっていたことだ。日本が去り、中華民国がやってきたとき、台湾の人々は「祖国復帰」を本気で喜んだ。しかし、その期待はあっという間に裏切られる。大陸の中国人は、前近代の世界に生きていた人々だったからだ。

台湾にいると、しばしば、こんな話を聞く。「中国兵がやってきたら、鍋をかついで歩いていたので、えらく失望した」。あの時代、本当に鍋をかついだ兵士をみんなが目撃したのかどうか、怪しい部分もある。しかし、あまりにも多くの日本語世代からその話を聞

かされるにつけ、私はこの問題が「記憶の共有」の結果であると思うようになった。つまり、「前近代的な中国」への嫌悪が「鍋をかついた中国兵」によって象徴されているのである。そうなると祖国愛よりも、「前近代」への軽蔑が先にやってくる。その結果、「近代」を経験した日本時代への郷愁が高まったという構図である。

そして、いま、台湾における中国観に見られるのは、「現代」の視点からの「近代」への違和感にほかならない。台湾はすでに高度成長と民主化を成し遂げ、価値観は完全に現代社会のものとなった。しかし、中国はまだ発展途上にあり、台湾の人々は中国とはどうしても一体感を感じられない。日本と中国と台湾の関係は、常にこの異なる発展段階による社会意識の違いが、相互の感情や好悪の認識のギャップを生んできたと考えることもできる。

一方、日本と台湾との間には、人々が積み重ねてきた交流の歴史がある。常に「政治」を通して接してきた日本と中国、現実にはほとんど交わったことのない中国と台湾に比べて、日本と台湾のつながりは、歴史も深さも異なる次元にあると言えるだろう。そこからくる根源的に近しい感情が、現代文明における価値観や生活習慣の共有によって、さらに居心地のよい形で育まれている。いまの台湾の、日本と中国に対する距離感の違いは、そんな風には考えられないだろうか。

では、中国が本当の意味で、我々と制度や価値観を共有し、水平な場所に立つ日が来たとしたら、日中台の新しい関係はどうなるのか。そのときこそ、日中台はこれまで見たこともない時代に入るのかもしれない。

終章　日本は台湾とどう向き合うべきか

†戦後首相談話は何を謝っているのか

二〇一五年の夏、日本の植民地統治について、総括のチャンスが訪れた。いわゆる安倍談話の発表である。有識者委員会が組織され、国内外の関心が集まり、数多くの意見や論評が世の中にあふれた。しかし、驚くほど、植民地・台湾に関する言及は少なかった。

言うまでもないことだが、台湾は日本にとって初めての植民地であり、近代日本が初めての本格的対外戦争である日清戦争の勝利によって清朝から割譲された土地だった。日本の台湾領有は、その後の朝鮮統合、満州国の建国、日中戦争につながっていく近代史の一里塚となる一大事件だった。しかし、その本質的意義と相反するように、過去の日本における首相の戦後談話などで、台湾の位置づけは、韓国や中国と比べると、極めて弱いものだった。その不均衡はいったいどこに起因するのだろうか。

一九九五年に発表された村山談話は「植民地支配と侵略によって、多くの国々、とりわけアジア諸国の人々に対して多大の損害と苦痛を与えました」という文言で、明確に植民地統治を謝罪した。ここに台湾が含まれていることを否定する材料はない。しかし、当時の村山談話のなかに実体としての台湾が入っていたのかというと、私は、懐疑的である。

最近、この村山談話を作成したときの政府関係者に取材する機会があった。匿名を条件に明かしてくれたのだが、村山談話において、植民地統治の「何」に対して謝罪するのか、台湾をどう位置づけるのかなどの問題について、政府内でほとんどまともに議論をしたことはなかった、という話だった。このことは、大きな問題をはらんでいる。それは、植民地統治について、誰に向かって何を謝るのかという問題である。

日本が植民地統治について謝罪する場合、二つのケースが考えられる。植民地を有し、統治する行為そのものを罪悪と断定して謝罪すること。もう一つは、日本の植民地統治のなかに謝罪すべき悪行や失政が存在したことだ。別の言い方に変えると、「植民地を持ったこと」を謝るのか、それとも「植民地でやったこと」を謝るのか、という問題である。

村山談話を素直に読む限り、「植民地でやったこと」ではなく、「植民地を持ったこと」そのものに重点が置かれているように読める。ならば、朝鮮と台湾は、同等に扱われなくてはならない。あるいは、台湾への謝罪はむしろ朝鮮よりも先に来てもいい。台湾統治の五〇年は朝鮮統治の三五年よりも一五年も長い。

しかし、日本の戦後政治で、台湾への謝罪は明らかに朝鮮への謝罪よりも目立って扱われなかった。「植民地でやったこと」を精査したうえで、朝鮮では問題が多く、台湾では問題が少なかったので、台湾における植民地責任にはあまり言及しなかったのかと言えば、そうでもないだろう。村山談話や過去の戦後談話からは、植民地の統治行為に対する個別の評価を含んでいるようには読み取れない。

実際問題として、植民地統治に功罪の両面があることは不可避である。その意味で、台湾と朝鮮での統治における違いは本質的なものではなく、相対的な差に過ぎない。では、どうして謝罪において、台湾と朝鮮との間で差がつけられたのか。それは、多少乱暴に言い切ってしまえば、戦後、台湾が中国に「返還」されたことで、あたかも日本社会の認知のなかで台湾という存在がどこかに消失してしまい、台湾統治まで半ば「なかったこと」にされた形になったからである。

†台湾への謝罪がぼやけた理由

韓国に対しては、首脳会談など多くの外交舞台があるので、その都度、謝罪などが表明されてきた。細川護熙首相や菅直人首相の訪韓での謝罪がいい例だろう。

一方、台湾は、日本の敗戦後「中華民国」の統治下に入り、「一つの中国」の一部になったので、朝鮮半島のように植民地解放がそのまま新国家の建国につながらなかった。そして、日本と外交関係がある中華人民共和国は、台湾を自らの領土としながらも、実効的な統治を行うに至っていない。そのなかで、台湾の「被害者」としての主体性が日本の中でも、中国の中でも、あるいは中華民国＝台湾のなかでも、エアポケットに入ったようにぼやけてしまった。

台湾の側から、謝罪がないことへの強い不満が表明されていないように見えるところも関係している。多くの優秀な日本人が、台湾の近代化に心血を注いでとり組んだことは確かだ。そんな日本の統治のプラス面を強調してくれる台湾の言論も日本に多く伝わっている。しかし、文句を言われないから謝らないでいいのか、ということは、本質的な疑問として問わざるを得ない。極端に言えば、日本の台湾統治への評価は、誰も関わらない、誰も論じないというなかで、戦後七〇年が過ぎてきた。もちろん日本の台湾統治に対する詳細な研究は行われているし、誰も関心を持っていないわけでない。しかし、日本社会全体の問題として、台湾統治に対する倫理的な総括＝脱植民地化＝戦後和解の努力を怠ってきたことは否めないように思える。

安倍談話では、戦争については、「進むべき進路を誤った」「二度と戦争の惨禍を繰り返してはならない」として、日本の第二次大戦へ歩んだ道のりを否定している。日本の戦争が侵略かどうかという定義は別にして、明確にあの戦争は失敗であった、という価値判断を示した。

一方、植民地については、「植民地支配の波が日本に押し寄せた結果、日本は危機感から近代化を成し遂げ、日露戦争の勝利は植民地支配にあったアジアやアフリカの人々を勇気づけた」としているが、日本が朝鮮と台湾で行った植民地統治の是非や内容については言及していない。その後、戦争の惨禍への反省の弁が続いたあと、いささか唐突に「植民地支配から永遠に決別し、すべての民族の自決の権利が尊重される世界にしなければならない」と述べている。今後日本は植民地に手を出さないという誓いなのだろうが、これは日本の戦後平和路線において、すでに織り込まれている話である。

安倍談話は最後に過去の村山談話などの立場を意識しつつ、「先の大戦における行いについて、繰り返し、痛切な反省と心からのお詫びの気持ちを表明してきました」と語っている。ただ、村山談話は「植民地支配と侵略」に対して謝罪したが、安倍談話は「先の大戦における行い」と限定している。安倍談話では、日本の朝鮮と台湾に対する植民地支配が謝罪の対象であるのかどうか明言を避けたようにも読み取れる。

一方、安倍談話のための「有識者懇談会」では、日本の植民地統治について、「一九三〇年代後半から植民地支配が過酷化した」という、実際の安倍談話とはいささか異なったニュアンスの言及が行われていたが、この部分は安倍談話には直接反映されていない。いずれにせよ、安倍談話を経ても、台湾統治という行為について、日本政府による総括なり、反省なりが政治化された言語によって語られていない状況は変わっていない。

ここで私は植民地統治について日本政府が謝るべきだと述べているわけではない。ただ、謝るならば、台湾にも謝るべきだし、謝らないならば、謝らない理由を少なくとも自分たちの中でしっかりと持つべきだということである。戦後の日本は、明らかに、植民地を有した行為を反省する認識のもと、対外発信も国内教育も行ってきた。ならば、そのことを、台湾の二三〇〇万人に向かって、その顔を見ながら伝えるべきではないか。

日本人が統治したのは中国の一部の台湾ではなく、日本の一部である台湾だった。日本が戦争を戦ったとき、彼らは日本の一員として戦い、一九四五年八月の玉音放送を多くの台湾人が深い感慨を持って耳を傾けた。

日本統治時代、当初は台湾人に兵役は課されなかったが、後に人員不足によって軍属、軍夫として徴用された。その後、「義勇兵」から「徴兵」と徐々にステップアップし、最終的には二〇万人の軍人、軍属が戦地に赴き、そのうち三万人が戦死・病死した。これは台湾の人口からすれば二〇〇人に一人という高率であるが、日本国籍を失ったとの理由で、恩給や補償などからは除外されている。二〇〇万円の弔慰金が一九九〇年代に支給されているが、人の情として、それでいいのか、と思う。それを日本人が自らにあえて問わないことも、私が疑問視をしてきた「台湾に対する思考停止」にほかならない。

二〇一六年に日韓の間で、いわゆる従軍慰安婦をめぐる政府間合意があり、日本政府は韓国政府が設立する基金に一〇億円を拠出することになった。その際、台湾もすぐさま、日本に対して、同様の対応を行うよう申し出ている。馬英九総統は慰安婦問題に強い関心を持っており、二〇二三年完成予定の博物館に慰安婦の展示エリアを設ける方針を示しているほか、民間団体の「婦女救援社会福利事業基金会」も二〇一六年に台北市内で慰安婦記念館を作ることを計画している。台湾にも慰安婦が五八人いたとされ、生存者は三人。これらの人々への対応と、今回の韓国への対応の整合性は確保するべきであるが、日本でしっかりと議論されてきた形跡は見られない。私は、いつも戦後処理の問題なかで「台湾」が素通りされるときに、言葉を失ってしまう。

†日本社会の冷戦構造と台湾

言論界の台湾をめぐる「思考停止」も改めるときが来ている。私が働いていた朝日新聞は「台湾に冷たい」と長く日本社会に思われてきた。「親中派の朝日新聞」という位置づけと当然、無関係ではない。一方、産経新聞は「台湾に近い」と考えられている半面、中国政府とは緊張関係にあると理解されてきた。実際、一九九八年までは、産経新聞だけ中国に取材拠点の支局を持たず、日本メディアで唯一、台湾に支局を置いていた。その他のメディアは台湾に支局がなく、中国にだけ支局があった。

過去の朝日新聞には台湾報道が弱いところがあったのだろうが、少なくとも私が台湾報道に関わったこの一〇年ほどは、どのように比較しても、朝日新聞の台湾報道が、他社に大きく劣っているということはなかった。それどころか、他社よりも記事の数も多く、記事も大きいことがしばしば起きている。二〇一二年の台湾総統選、二〇一六年の台湾総統選もいずれも客観的にみて朝日新聞の報道は他社と互角以上の内容であったし、私自身も、二〇〇七年から三年間の特派員時代に署名記事だけで五〇〇本以上の記事を書いた。もちろん数だけでは完全な証明にはならないが、「朝日は変わった」といろいろな人に言われ、客観的には「朝日は台湾に冷たい」とは言えない時代に入っている。

しかし、「朝日は台湾に冷たい」と考える人たちは、朝日新聞が大嫌いだというような人たちも含まれており、この一〇年の報道姿勢の変化についても実際に新聞を読んだうえで語っているわけではない。一度固定化されたイメージを変えるのが難しいことはやむを得ない。現在、私は朝日新聞を離れているが、今後も朝日新聞の台湾報道がより充実していき、「汚名」を完全にそそぐ日が来ることを願っている。

ここで指摘したいのは、日本社会における台湾認識が今日でもまだ冷戦期、あるいは中台対立期に形成された「中国派」か「台湾派」かという二極化の残滓を留めているという問題である。

大雑把な分類だが、戦後の日本において、伝統的に右派・保守勢力は台湾へのシンパシーを強く持っていた。一方、左派・革新勢力は台湾に対しては冷淡だった。それは、共産党中国に対する期待感と裏返しでもあり、立場的に、右派への対抗という部分もあった。何より日本を縛っていた東西冷戦構造という制約のなかで、親米＝右派＝親台湾（蔣介石、国民党）、反米＝左派＝反台湾（蔣介石、国民党）という枠組みが、それぞれの勢力にきっちりと割り当てられたとも言えるだろう。

私は、二〇〇九年に蔣介石日記の公開にあわせて日記を保管する米スタンフォード大学に足を運び、朝日新聞紙面上で一五回のおよぶ蔣介石に関する連載を書いた。連載終了後、産経新聞の元台北特派員で当時社長であった故住田良能さんから携帯に電話がかかってきて、「大変面白かった。しかし、朝日新聞にこんな記事を書かれてしまったら産経新聞のメンツがつぶれてしまうじゃないか」と、半分はお褒めで半分は牽制のようなお言葉をもらったことがあった。台湾の蔣介石や故宮は産経新聞の独壇場のようなテーマだったが、私は、その二つについて朝日新聞紙面で連載し、本も出している。特に産経新聞への対抗を意識したわけでもなく、ただ単に、関心を持ったから書いただけなのだが、「左」であった過去の朝日新聞では載らないタイプの記事であったのだろう。

精力的に中国や台湾に関する研究・言論活動を展開する研究者の川島真が「実際、戦後日本における、左傾化した日本の知識人にとって台湾は語る対象ではなく、『進歩的知識人は台湾は語らない』ものとされた」と論じている通りである。

†台湾問題で迷走した民主党

冷戦の終了とほぼ同時に、台湾では民主化と中台緊張の緩和という根本的な変化が起きた。台湾における伝統的な親日勢力だった国民党は、中国との接近に舵を切って、民進党が新たな親日勢力として台頭した。ここで日本の右派・保守勢力も大きく路線修正を行い、中国と対抗する勢力としての民進党に期待するようになる。今日、日本の右派・保守勢力からカリスマ的に信奉される李登輝元総統が二〇〇〇年の総統選を境に国民党と袂を分かち、独立・台湾本土派に軸足を移したことも影響したと思われる。

一方、日本の左派・革新勢力は、国民党も民進党も選ぶことはできず、台湾への羅針盤を喪失したように見える。台湾の民主化は否定しないものの、どちらかといえば、中台の融和に期待する傾向が強い。そうなると、中台関係の強化を掲げる国民党の支持に向かうはずなのだが、国民党には、日本の左派・革新勢力からすれば、どうしても受け入れがたい「権威主義」や「蔣介石」というイメージがある。かといって中国が敵視する「台湾独立派」の民進党には近づきたくない心情もある、という状況ではないかと、私は感じる。

台湾問題への迷走を見せたのは民主党だ。民主党は本来、リベラルな左派運動や社会運動の出身者が主体となった政党である。台湾の民進党との相性はばっちりのはず。民主党内には、枝野幸男や仙石由人など、台湾の民主化勢力と深く付き合ってきた議員もいた。しかし、台湾問題についてしっかりとした方針なり、メッセージなりを打ち出すことはできなかった。その結果は、残念な形で行動となって現れた。

二〇一二年に行われた東日本大震災に対する追悼式典で、台湾の駐日代表を列席させないという致命的なミスを犯す。「外交団」としての仕分けをしたため、外交関係のない台湾を除外したのだが、国民感情からして二〇〇億円の支援をしてくれた台湾を外して、中国を呼ぶことはあり得なかった。恐らくは、対応を官僚任せにした結果かと思われるが、そこにもまた、民主党に台湾に対する「思考停止」があったと言えるだろう。

右派・保守勢力の一部に見られるような、台湾を日本の弟のように決めつける姿勢や、日本への自己愛の投影にも見える台湾の持ち上げには違和感を禁じ得ない。ただ、客観的に比べてみると、「右」に位置づけられる現在の安倍・自民党政権のほうがはるかに台湾を戦略的に活用している。その最大の理由は、日本の左派・革新勢力は台湾との付き合い方において定見を持てず、軸足が定まっていないという一点に尽きる。

昨今の台湾で起きたことは、一つの共同体に生きる人々が、主体意識に目覚め、自己決定権を求める意識を高めていることだ。独立戦争を起こすなどとは夢にも思わず、ただ、平和的に、自分たちの存在をきっちりと包み込む政治体制を求めているに過ぎない。

人間価値を最大限尊重する社会を築こうというリベラルの思想からすれば、当然、台湾をサポートしていくことが自然の流れになる。しかし、ひまわり運動に対する日本側のリアクションが、主に左派・革新勢力の間で鈍いように見えたことは、台湾の背後に「中国」を意識したからではないだろうか。もしそうだとすれば、保守派とは価値観こそ違えども、中国の対立軸、あるいは中国の一部としての台湾という発想から抜け出せていないと言わざるを得ない。もちろん、現実政治において、中国と台湾の関係は切っても切れないし、台湾が中国問題の重要な一要素であることは否定できない。日本外交で台湾を中国から切り離して考えることも現実的ではない。このような現実は少なくとも今後数十年は続いていくかもしれない。

しかし、シンパシーをどちらに感じるかといえば、台湾で自立や民主を求めて生きている人々を応援するのが自然であって、それを政治の力で抑え込もうという中国の態度には、反発し、抑制を求めるのがリベラルの価値観として当たり前のスタンスである。

沖縄問題において、自己決定権を求めて日本政府と向き合っている反辺野古の人々を応援しながら、台湾において、同じように自己決定権を求めて中国と向き合っている人々を応援しないのは、思想的に矛盾があることに、そろそろ左派・革新勢力は気づくべきではないだろうか。

†台湾の応援席を保守に占拠された左派

二〇一五年一〇月、蔡英文・民進党主席が、総統選の候補者として日本を訪問した。その歓迎会の席上、象徴的なシーンがあった。そこでは蔡英文と、桜井よしこと金美齢が並んで座っていた。二人はどちらも日本社会において、かなり強く保守的論調を唱えている論客である。彼女たちが民進党を応援することが問題なわけではない。問題は、保守派に民進党の応援席を占拠されてしまっている左派・革新勢力の方に存在している。

桜井よしこは、台湾に対して、安全保障における日台同盟論を唱えている。日台で手を取り合って中国の野心に向き合うべきだという主張だ。その文章を読む限り、良くも悪くも「冷戦的な主張だ」と感じる。台湾社会の変化への関心や思いよりは、日本の安全のため、中国への対抗のため、現実的利害を共有するパートナーとしての台湾を求めているわけだ。そこには、中国の対抗軸としての台湾を必要とするという、東西冷戦以来の伝統的な保守派のスタンスがあり、応援する相手が国民党から民進党に入れ替わった形になっている。しかし、民進党は反原発や人権を重視する、いわゆる「左」的な政党であり、本来、日本の「右」とは異なる立ち位置にあることは無視されがちだ。

いずれにせよ、日本での台湾をめぐる議論は、経済問題を中心に現代中国について積極的に発言している梶谷懐が「(右も左も)政治的な状況におけるポジション取りがしばしば優先され」「普遍性の軸が力を持たない」と中国問題全体に警鐘を鳴らしている論点が十分にあてはまるものとなっている。

日本や台湾は、戦後どのように身を守って生きていくのかという問題の決定権を半ば米国に預けざるを得ない立場を受け入れてきた。日本の在日米軍も、台湾への米国の武器供与も、安全保障における米国依存を意味しているからだ。戦後史のなかで、日本も台湾も、一九五〇年に始まった朝鮮戦争を契機とした冷戦の深刻化に救われた側にあった。日本では、主権回復が早まり、朝鮮特需で経済が生き返った。台湾は、共産党の台湾軍事侵攻が米国の台湾海峡制圧によって不可能になった。そして、自由主義経済陣営の一員として、経済成長と所得向上を謳歌した。

しかし、その代価として、米国という存在によって、しばしば、「身もふたもない現実」に直面しなくてはならなかった。日本で国家主権を超えた存在のように米軍が振る舞えるのも、台湾の選挙結果を誘導するような情報操作を米国政府が行っているのも、「安全と繁栄の代価」として、唯々諾々と受け入れるしかない。そこには米国の手駒としての悲しさが伴っている。

台湾を観察していると、まるでもう一つの日本を見ているような気分に陥るときがしばしばある。なにしろ、米国の同盟の一員でありながら、目前に台頭しつつある巨大な中国という勢力に向き合って、自分たちの生き残る道を考えなくてはならない。そして、小さな台湾では、日本以上に、こうした現実が明瞭に現れる。米国と中国に挟まれながら生き残っていく台湾の姿はまるで「鏡」のように我々自身も映し出す。台湾の問題で日本にあてはめて考えられることはあまりに多い。問題は、台湾への思考停止状態にあった我々が、普段からあえてそのように考えようとしなかったところにある。

†「三・一一後」「感謝台湾」がキーワードに

日本人の台湾への思考停止に対する「ウェイクアップコール」になったのが、二〇一一年の東日本大震災における台湾の日本への巨額の支援だった。

当初、日本のメディアや政府の反応は、例によって、鈍いものだった。世界中の支援のなかで、台湾の義援金があまりに突出して多いことを、日本人としてどう受け止めればいいのか、どう感謝を伝えればいいのか、震災のまっただ中にあったこともあり、日本人は機敏に考えられなかったように思える。当時の日本メディアの台湾の義援金に対する報道は、あまりに貧弱で、物足りないものだった。

最初に、台湾に感謝を伝えなければいけないと行動を起こしたのは、政府でも、メディアでもなく、民間の人々だった。「感謝台湾」の呼びかけは、多くの人の心にあった「どうして台湾がこれほど日本を助けてくれるのか」という気持ちを惹起し、一気に広がった。あれから五年以上が経過し、台湾の義援金に対する感謝の言葉を述べるのは今日の日台交流で一つの枕詞のようになっている。蔣介石時代の「以徳報怨」以来、恐らくはじめて、日本と台湾との関係において、日本側から主体的に日台関係のコンセプトが提示されたのではないだろうか。過去には「片思い」と言われていた台湾の日本への思いが、両思いになることを日本人が躊躇せずに語れるようになったのである。

震災という不幸な事態が、日台関係に与えたこの良好なインパクトはまさに不幸中の幸いだった。日本人の台湾認識は蔣介石時代の「以徳報怨」、李登輝時代の「台湾民主化」を経て、「三・一一後」あるいは「感謝台湾」というキーワードがふさわしい日台関係の新時代に入ったと言えるだろう。二〇一六年二月に台湾・台南で地震によるビル倒壊が起きたとき、日本において台湾への支援の輪が台湾人たちも驚くほど瞬時に広がったことは、「三・一一後」の日台関係の姿を改めて印象づける出来事だった。

日本人が台湾に対して、新たな態度、新たな認識で向き合うべき時代に入っていることは間違いない。それは、単体としての台湾に向き合うことにほかならない。現実には中台関係の重みは変わっておらず、純粋に台湾だけを切り離して論じろと言うのではない。しかし、中国問題の付属物、あるいは、日米同盟の付属品のように台湾と向き合う姿勢もまた、リアリズムという意味で、すでにリアルではなくなっている。それは二〇一六年一月の総統選挙の結果が雄弁に証言していることである。

民進党を勝利させ、国民党を敗北させたのは「台湾は台湾」と信じる人たちの群れであった。台湾に生きる人々がそう考えているのであれば、我々もその政治的現実を受け止めるべきである。そのうえで、台頭した大国・中国とどう距離を取るべきか、どのような政治体制が台湾にふさわしいか、中台関係の平和的解決や安定的マネジメントの解答がどこにあるのか、といったテーマを積極的に議論していきたい。そこに立場や意見の分岐があることは極めて健全なことである。不健全なのは、何も考えないことであり、思考停止を続けることだ。

台湾は政治的にも地理的にも歴史的にも「日中の狭間」に身を置く存在である。それは台湾にとっての宿命であり、日中にとっての宿命でもある。

東京大学元総長の矢内原忠雄は名著『帝国主義下の台湾』で、「台湾はもともと清国の領土支那人の植民地であった。（中略）我が台湾統治は台湾を支那より引き離して日本に結合することに存した」と断言し、「台湾は日本と支那との二つの火の間に立つ」と喝破した。日本が台湾を領土的に中国と奪い合うことはもはやないが、台湾をめぐる地政学的な構図は未来もそう簡単には変わらないだろう。台湾の人々は常に「日本と中国」を意識しながら生きていく運命にあることを強く自覚している。

一方、中国は中国なりに、台湾の統一を国家目標とするその立場から台湾についてこの半世紀以上、あらゆる面から考え抜いてきた。その努力自体は並大抵のものではないし、蓄積した知識や張り巡らした情報網は極めて強力である。

それらに比べて、日本の台湾に対する当事者意識はまだまだ弱く、社会全体の台湾理解も不足している。まず日本は、台湾への「思考停止」を停止することが、その状況を変えていく第一歩になると私は思う。そのうえで、台湾を台湾として認識し、等身大の台湾理解を自らのなかに創り出していく。これは台湾を「固有の領土」とみなして疑わない中国にはできないことであり、日本が台湾という「鏡」を使って自らを見つめ直すことにも役立つはずである。それは、日本と台湾が初めて出会った一九世紀の頃から現在に至るまで、台湾の人々が日本人に最も望んできたことに違いない。

あとがき

二〇〇七年三月、たまたま出張中の台北の夜でした。知人との食事中に電話が鳴りました。東京の上司でした。「台北に行ってもらいます」。電話口で上司は、私の台北派遣の理由を丁寧に説明していましたが、告白しますと、そのとき私は中国赴任が第一希望だったので、予想外の成り行きにうわの空で上司の話を聞いていました。いつか台湾には行きたかった。しかし、まずは中国に行き、次に台湾にも、と当時は勝手に思い描いていました。

それでも特派員として台湾報道に励み、帰国後も台湾関連の書籍を四冊ほど出し、本書で五冊目となります。「故宮」「自転車」「蔣介石」「映画」とテーマは変遷し、足かけ一〇年でようやく「台湾」そのものを書きました。ささやかな到達感がないわけではありませんが、それ以上に、あの夜、思いがけず台湾報道への道が開かれたことを、幸運の巡り合わせとしていま振り返ることができることを嬉しく思います。

台湾が近くなった。近頃、とみにそう感じます。心の距離のことです。台湾が好きだ。台湾を大切にしよう。台湾に行きたい。そんな言葉を、普通に、肩肘張らずに、吐き出せる世の中になりました。かつて「台湾派」と呼ばれることを過剰に警戒させられる時代がありました。一つの地域を好きになり、言葉や歴史を学び、そこに生きる人々を理解し、支えようと思うこと対し、レッテルを貼るのはつまらないことです。中国が好きか嫌いかと、台湾をどう思うかは、基本的に関係ありません。中台関係の重要性を理解することは大切ですが、政治や外交の話に個人の心まで縛られる必要もありません。

そんなことを気にするより、台湾はとにかく面白いから、もっと日本人に知ってもらいたい。本書でいちばん言いたかったことは、結局のところ、そういうことなのかなと、書き上げてから気がつきました。好奇心を刺激する素材の宝庫である台湾というテーマに取り組むチャンスをくれた朝日新聞は、この春に独立して離れてはいますが、私にとって特別な存在であることに変わりありません。

台湾の歴史や民主化に関する詳細な研究は本文や参考文献で紹介した数々の優れた業績があるので、本書は私が取材者として体験したこの一〇年の事象を中心に据えました。また、本書は研究書ではないので、参考文献は書籍のみ挙げていますが、日本、台湾、中国で発表された多数の論文や記事も参照しています。大勢の方々の努力と蓄積、取材協力があって本書は成り立ちました。内容には至らぬ点も多いはずで、その責はすべて私にあります。今後いただくご意見やご指摘は、これからの台湾研究の糧にさせて下さい。そして最後に、粘り強く伴走してくれた筑摩書房の松本良次さんに深く御礼を申し上げます。

1979	12月	美麗島事件
1984	10月	江南事件（特務が在米台湾人作家を殺害）
1986	9月	民主進歩党の結成

4．民主化以降（1987〜）

1987	7月	戒厳令を解除
	11月	中国大陸への親族訪問を解禁
1988	1月	蔣経国が死去、副総統の李登輝が総統に昇格
1990	3月	野百合学生運動
1991	3月	対中交渉窓口の海峡交流基金会を設立
	5月	反乱平定時期臨時条款を廃止し、大陸反攻政策を放棄
1993	4月	第一次辜汪会談
1996	3月	初の総統直接選挙で李登輝が当選
1999	7月	李登輝総統が中台関係を「特殊な国と国の関係」と表現
	9月	台湾中部大地震
2000	3月	民進党の陳水扁が総統に当選、初の政権交代
2001	1月	金門経由の小三通を実施
2002	1月	WTOに正式加盟
2005	3月	中国が反国家分裂法を制定
2008	3月	国民党の馬英九が総統に当選
	7月	中台直行便の就航、大陸観光客の解禁
	11月	野いちご学生運動
	11月	陳水扁前総統を逮捕
2009	8月	八・八水害
2010	6月	両岸経済協力枠組協議（ECFA）の締結
2014	3月	ひまわり学生運動
	11月	統一地方選挙で国民党が惨敗
2015	11月	中台トップ会談
2016	1月	総統選で民進党・蔡英文が当選、立法院でも民進党が過半数獲得
	5月	蔡英文総統が就任

作成協力・黒羽夏彦氏（成功大学大学院）

	10月	台湾文化協会の結成
1923	4月	皇太子裕仁摂政宮（後の昭和天皇）が訪台
1928	4月	台北帝国大学の開校
1930	4月	嘉南大圳の竣工
	10月	霧社事件（先住民が日本人を襲撃）
1931	8月	嘉義農林学校のチームが甲子園で準優勝
1934	9月	台湾議会設置請願運動が終わる
1937		皇民化運動が始まる
1942	3月	高砂義勇隊の募集が始まる
1945	8月	日本の敗戦

3．戦後戒厳令時代（1945～1987）

1945	9月	台湾省行政長官公署の設立（長官は陳儀）
	10月	中国戦区台湾省降伏式典
1946	4月	日本人の引き揚げ完了
	6月	国共内戦の再発
	12月	中華民国憲法制定
1947	2月	二・二八事件
1948	4月	反乱平定時期臨時条款の制定
	5月	蔣介石が総統に就任
1949	5月	台湾省で戒厳令施行
	10月	中華人民共和国の成立
	10月	金門島で古寧頭の戦い
	11月	日本軍人の顧問団（白団）が秘密裏に来台
1951		アメリカの援助（美援）が本格化する
1952	4月	日華平和条約の調印
1954	12月	米華相互防衛条約の調印
1958	8月	金門砲戦
1971		在米留学生を中心に保釣運動が盛り上がる
	10月	中華民国（台湾）の国連脱退
1972	9月	日中国交正常化により日本と断交
1974	12月	台湾籍日本兵スニヨン（中村輝夫）の発見
1975	4月	蔣介石が死去
1978	5月	蔣経国が総統に就任
1979	1月	アメリカと断交

台湾史年表

1. 清朝統治以前以降（～1895）

16世紀半ば		ポルトガル船が台湾を見つける
1593		豊臣秀吉の命により原田孫七郎が台湾へ
17世紀以降		漢人系住民が大陸から台湾へ移住
1624		オランダ東インド会社がゼーランディア城を築造
1626		スペイン人が基隆にサン・サルバドル城を築造
1628		濱田弥兵衛事件（日本とオランダとの貿易摩擦）
1630年代		一連の鎖国令により日本の朱印船貿易が途絶える
1642		オランダ人が台湾北部のスペイン人を追い出す
1661		鄭成功がオランダ人を追い出す
1683		鄭氏政権が清朝に降伏
1858	6月	天津条約により安平（台南）、高雄、基隆、淡水が開港
1874	5月	日本の台湾出兵
1884	10月	清仏戦争でフランスが台湾北部を攻撃
	10月	福建省から分離して台湾省を創設（初代巡撫は劉銘伝）
1894	7月	日清戦争の勃発

2. 日本統治時代（1895～1945）

1895	4月	下関条約により清朝は日本へ台湾を割譲
	5月	台湾割譲に反対する住民が台湾民主国を宣言
1898	2月	『台湾日日新報』創刊
	3月	後藤新平が台湾総督府民政局長に就任
1908	4月	台湾縦貫鉄道（基隆～高雄）が全通
1915	8月	西来庵事件（漢人住民の最後の大規模抗日反乱）
1921	1月	台湾議会設置請願運動が始まる

＊主要参考文献

（本書は学術書ではないため、参照させていただいた大量の日本、台湾、中国の学術論文、新聞記事などは割愛しています）

【日本語文献】

天児慧、三船恵美編著『膨張する中国の対外関係』勁草書房、２０１０年
伊藤潔『台湾　四百年の歴史と展望』中公新書、１９９３年
浦野起央『【増補版】尖閣諸島・琉球・中国──日中国際関係史』三和書籍、２００５年
岡田充『中国と台湾──対立と共存の両岸関係』講談社現代新書、２００３年
梶谷懐『日本と中国、「脱近代」の誘惑　アジア的なものを再考する』大田出版、２０１５年
上村幸治『台湾──アジアの夢の物語』新潮社、１９９４年
川島真、清水麗、松田康博、楊永明『日台関係史　1945-2008』東京大学出版会、２００９年
邱永漢『わが青春の台湾　わが青春の香港』中央公論社、１９９４年
黄昭堂『台湾総督府』教育社歴史新書、１９８１年
小林よしのり『新ゴーマニズム宣言SPECIAL 台湾論』小学館、２０００年
酒井亨『「親日」台湾の幻想──現地で見聞きした真の日本観』扶桑社新書、２０１０年
司馬遼太郎『台湾紀行　街道をゆく40』朝日新聞社、１９９４年
戴國煇『台湾と台湾人──アイデンティティを求めて』研文出版、１９７９年
戴國煇『台湾──人間・歴史・心性』岩波書店、１９８８年
戴國煇『台湾という名のヤヌス』三省堂、１９９６年
永原陽子『「植民地責任」論　脱植民地化の比較史』青木書店、２００９年
西川潤、蕭新煌『東アジア新時代の日本と台湾』明石書店、２０１０年
野嶋剛『ラスト・バタリオン──蒋介石と日本軍人たち』講談社、２０１４年

林泉忠『「辺境東アジア」アイデンティティ・ポリティクス――沖縄・台湾・香港』明石書店、2005年
廣瀬陽子『未承認国家と覇権なき世界』NHK出版、2014年
ビル・ヘイトン、安原和見訳『南シナ海――アジアの覇権をめぐる闘争史』河出書房新社、2015年
福田円『中国外交と台湾――「一つの中国」原則の起源』慶應義塾大学出版会、2013年
彭明敏・黄昭堂『台湾の法的地位』東京大学出版会、1976年
本田善彦『日・中・台　視えざる絆』日本経済新聞社、2006年
丸山勝、山本勲『「東アジアの火薬庫」中台関係と日本』藤原書店、2001年
山本勲『中台関係史』藤原書店、1999年
横山宏章『中華民国　賢人支配の善政主義』中公新書、1997年
若林正丈『台湾――変容し躊躇するアイデンティティ』ちくま新書、2001年
若林正丈『台湾の政治――中華民国台湾化の戦後史』東京大学出版会、2008年
若林正丈編『現代台湾政治を読み解く』研文出版、2014年
愛知大学国際問題研究所編『中台関係の現実と展望』東方書店、2004年

【中国語文献】

葛兆光『何為「中国」――疆域見族文化與歷史』OXFORD UNIVERSITY PRESS、2014
蔡英文『洋蔥炒蛋到小英便當――蔡英文的人生滋味』圓神出版社、2011年
蔡英文『英派――點亮台灣的這一哩路』圓神出版社
田中實加『灣生回家』遠流出版公司
范疇『台灣是誰的?――從台北看北京』八旗文化、2011年
李淑珠『表現出時代的「Something」――陳澄波繪畫考』典藏藝術家庭、2012年

ちくま新書
1185

台湾《たいわん》とは何《なに》か

二〇一六年五月一〇日 第一刷発行
二〇二三年五月一五日 第六刷発行

著者 野嶋 剛（のじま・つよし）

発行者 喜入冬子
発行所 株式会社 筑摩書房
東京都台東区蔵前二-五-三 郵便番号一一一-八七五五
電話番号〇三-五六八七-二六〇一（代表）
装幀者 間村俊一
印刷・製本 三松堂印刷 株式会社

ISBN978-4-480-06891-0 C0222

ちくま新書

1613
夫婦別姓——家族と多様性の各国事情　栗田路子／冨久岡ナヲ／プラド夏樹／田口理穂／片瀬ケイ／斎藤淳子／伊東順子

「選べない」唯一の国、日本。別姓が可能または原則の各国はどう定めている？　家族の絆は？　「選べる」の実現に向けて、立法・司法・経済各界との討議も収録。

1483
韓国　現地からの報告——セウォル号事件から文在寅政権まで　伊東順子

セウォル号事件、日韓関係の悪化、文在寅政権下の分断……二〇一四〜二〇年のはじめまで、何が起こり、人びとは何を考えていたのか？　現地からの貴重なレポート。

1512
香港とは何か　野嶋剛

選挙介入や国家安全法の導入決定など、中国の横暴がすさまじい。返還時の約束が反故にされた香港。若者中心の抵抗運動から中米対立もはらむ今後の見通しまで。

1258
現代中国入門　光田剛編

あまりにも変化が速い現代中国。その実像を政治史、文化、思想、社会、軍事等の専門家がわかりやすく解説。歴史から最新情勢までバランスよく理解できる入門書。

1431
習近平の中国経済——富強と効率と公正のトリレンマ　石原享一

対米貿易戦争と成長鈍化で中国経済は重大な転機を迎えている。なぜ改革は行き詰まっているのか。中国は凋落していくのか。中国経済の矛盾を見つめ今後を展望する。

1563
中国語は楽しい——華語から世界を眺める　新井一二三

中国語で書き各地で活躍する作家が、文法や発音など基礎を解説し、台湾、香港、東南アジア、北米などに華語として広がるこの言語と文化の魅力を描き出す。

1223
日本と中国経済——相互交流と衝突の一〇〇年　梶谷懐

「反日騒動」や「爆買い」は今に始まったことではない。近現代史を振り返ると日中の経済関係はアンビバレントに進んできた。この一〇〇年の政治経済を概観する。